rowohlt

Jana Hensel · Elisabeth Raether

Neue deutsche Mädchen

Rowohlt

1. Auflage April 2008

Satz Adobe Garamond PostScript (InDesign)
bei KCS GmbH, Buchholz bei Hamburg
Druck und Bindung CPI – Clausen & Bosse, Leck
Printed in Germany
ISBN 978 3 498 02994 4

Inhalt

Liebe auf den ersten Blick.
Eine Begrüßung
Jana Hensel 7

Charity.
Noch eine Begrüßung
Elisabeth Raether 19

Berliner Affären.
Über die kurze Liebe
Jana Hensel 27

Sex wie ein Mann.
Über Anpassung
Elisabeth Raether 49

Ehepaare.
Über eine westdeutsche Herkunft
Elisabeth Raether 75

Guten Morgen, du Schöne.
Über eine ostdeutsche Herkunft
Jana Hensel 99

Geld.
Über Unsicherheit
Elisabeth Raether 123

Alte Mütter.
Über die neuen Väter
Jana Hensel 145

Spielverderber.
Über Mann und Frau auf Arbeit
Jana Hensel 167

Mädchenkram.
Über die lange Liebe
Elisabeth Raether 187

Liebe auf den ersten Blick.
Eine Begrüßung

Die Berliner Wintersonne scheint in meine Küche, als würde ich in Kalifornien wohnen. Elisabeth und ich waren vor kurzem in Kalifornien. Ich bin gerade nach Hause gekommen, habe einen Becher Kaffee von *Starbucks* in der Hand und muss mir vor Aufregung eine Zigarette anzünden. Es ist Mittag. Eigentlich rauche ich nie vor achtzehn Uhr, und schon lange habe ich mir vorgenommen, nicht mehr in meiner Wohnung zu rauchen. Ich sollte es gar nicht mehr tun. Elisabeth hat sich das Rauchen schon vor einer Weile abgewöhnt. Ich beneide sie ein wenig darum, in manchen Momenten; auch wenn es nichts Schöneres gibt, als am Abend ein Glas Wein zu trinken und sich eine Zigarette anzuzünden.

Ich bin gerade auf einer Pressekonferenz gewesen. Alice Schwarzer hat in einem kleinen Nebenraum der Bundespressekonferenz die *Emma*-Ausgabe anlässlich des dreißigjährigen Jubiläums der Zeitschrift vorgestellt. Ich war pünktlich, hatte trotzdem keinen Sitzplatz bekommen und musste mich hinter die anderen Journalisten in die letzte Reihe stellen. Von dort hatte ich einen schönen Blick in den blauen Himmel und auf die Sonne, den Reichstag, das Bundeskanzleramt. Neben Alice Schwarzer sitzt Anke Engelke. Sie wird als *role model* vorgestellt und antwortet auf die Frage einer Kollegin, warum sie heute gekommen sei, dass sie eine Biographie habe, die es eigentlich nicht geben dürfe. Sie habe zweieinhalb Kinder – zwei eigene und eins von ihrem Partner –, sie sei erfolgreich, und manchmal sei sie es auch nicht.

Ich hatte Anke Engelke in einem Artikel über Frauenzeitschriften auch einmal ein *role model* genannt; zusammen mit Charlotte Roche und Judith Holofernes kann sie ein Vorbild für Frauen meines Alters sein, dachte ich. Die anderen Journalisten im Saal notieren das Gesagte ruhig in ihre Blöcke, kaum jemand schaut auf, niemand fragt nach, warum Anke Engelke ihr eigenes Leben eine Biographie nennt, die es eigentlich nicht geben dürfe.

Danach spricht Alice Schwarzer von der Geschichte der *Emma*. Man kennt diese Geschichte. Alice Schwarzer erzählt sie schon sehr lange. Fast genauso lange, wie sie Feminismus macht, erzählt sie auch die Geschichte des Feminismus. Er muss ihr früh als etwas Historisches erschienen sein. Vielleicht ist deshalb für viele Deutsche die Geschichte der *Emma*, die die Geschichte der Alice Schwarzer ist, gleichbedeutend mit der deutschen Nachkriegsgeschichte des Feminismus. In den siebziger Jahren hat sie große Kampagnen für ein Recht auf Abtreibung organisiert. Sie schrieb über Hausfrauen, über die Abhängigkeit vom Ehemann, über sexuelle Frustration. Heute spricht sie von der Unterdrückung der Frau im Islam, von der Beschneidung in Afrika, von Tierversuchen, von Magersucht, und ausführlich, sehr ausführlich spricht sie von der beschissenen Situation der Prostituierten in Deutschland. Sie redet auch über Mütterwahn.

Ich habe abgetrieben, als ich zwanzig war. Ich war zu dieser Zeit mit einem Mann zusammen, der beinahe doppelt so alt war wie ich. Wir sind zu einem besseren Italiener gegangen, und er sagte, dass er mich zwar als Freundin nicht zu jung fände, als Mutter aber schon, und ich war froh, dass mir die Entscheidung auf diese Weise abgenommen wurde. Ich bin heimlich zum Beratungsgespräch gegangen, ich habe heimlich den Eingriff vornehmen lassen und mich dann ein paar Tage bei ihm verkrochen. Meine jüngere Schwester war die Einzige, die mich besuchen kam. Auch meine Mutter wäre sicherlich gekommen, und wenn ich gewollt hätte, hätte sie sich auch bei uns zu Hause um mich gekümmert, daran hatte ich keinen Zweifel. Dennoch habe ich ihr damals nichts davon erzählt. Damals nicht und auch nicht zu einem späteren Zeitpunkt habe ich mit ihr darüber gesprochen. Nun erfährt sie es aus diesem Buch, und es wird schon in Ordnung gehen.

Alice Schwarzer spricht auf der Pressekonferenz noch immer von Prostitution. In der Jubiläumsausgabe ihrer Zeitschrift – ihr Gesicht ist auf dem Cover zu sehen – gibt es ein mehrseitiges Dossier dazu. Außerdem enthält das Heft eine Umfrage, nach der die Mehrheit der Frauen meint, dass es in Bezug auf Ausbildung und Studium, im kulturellen Bereich und im Sport kaum noch Diskriminierungen gebe; dieselbe Mehrheit glaubt allerdings auch, dass von einer Chancengleichheit im beruflichen Fortkommen, in der Karriere also, noch nicht die Rede sein könne.

Müsste das nicht das eigentliche Thema für *Emma* heute sein? Statt Islamismus und Prostitution und Pornographie und Magersucht und so, frage ich nun doch aus meiner sonnigen Ecke über die Köpfe der sitzenden Kollegen hinweg. Und Alice Schwarzer antwortet mir, dass die Prostitution die Quelle allen Übels sei, dass hier die Ungleichheit doch beginne. Es könne nicht sein, dass ein männlicher Vorgesetzter, nachdem er am Abend zuvor einen Porno gesehen habe, in seiner weiblichen Angestellten die winselnde Hündin aus dem Film wiedererkennt. Auch sagt sie den, wie ich in diesem Moment zu denken beginne, unglaublichen Satz: «Wir sind doch heute in einer wunderbaren Situation, über die Karriere von Frauen überhaupt reden zu können!»

Elisabeth kenne ich seit mehr als sechs Jahren. Das ist keine wahnsinnig lange Zeit, ich weiß, die meisten meiner Freunde kenne ich länger, viele noch aus der Kindheit. Obwohl Elisabeth und ich damals schon in Berlin lebten, haben wir uns in Paris getroffen. Eines Nachmittags stand sie vor meinem Schreibtisch in der Literaturagentur am *Jardin du Luxembourg*, in der ich gerade ein Praktikum machte. Elisabeths Büro lag nur wenige Minuten entfernt auf dem Boulevard St. Germain. Sie hatte einen Termin bei meinem Chef und fragte mich danach, ob wir nicht mal was trinken gehen wollten. Zu dieser Zeit ging Elisabeth im Gegensatz zu mir eigentlich jeden Abend was trinken. Sie kannte Leute, die in der Modebranche oder beim Film arbeiteten. Dennoch war ich ein wenig zögerlich. Zugegeben, recht sympathisch schien Elisabeth mir auf den ersten Blick nicht zu sein.

In jenen Frühlingsmonaten lebte ich in einer kleinen Wohnung in Montmartre, in einer Straße, die nicht einmal der Literaturagent, bei dem ich arbeitete, kannte, obwohl er immer behauptete, alle Straßennamen von Paris, Tel Aviv,

London und Frankfurt zu kennen, um dort, wenn es gar nicht mehr anders ginge, wenigstens noch als Taxifahrer arbeiten zu können. Den meiner Straße aber hatte er noch nie gehört, und wenn er sich über mich lustig machen wollte, zog er das Wort unglaublich in die Länge und lachte sich dabei tot.

Von Montmartre war ich jeden Morgen mehr als eine Stunde ins Büro unterwegs, der Heimweg am Abend dauerte oft sogar noch länger, weil ich zumindest einen Teil der Strecke gern zu Fuß ging, vorbei an der Ile de la Cité, den Tuilerien, dem Centre Georges Pompidou und den Grands Magasins, oder auch in irgendeinen Bus stieg, von dem ich nicht wusste, wohin er fahren würde. Paris kannte ich demnach ganz gut; Menschen allerdings waren mir in der fremden Stadt noch nicht viele begegnet, und so willigte ich in Elisabeths Vorschlag ein.

In das kleine Bistro gegenüber vom *Café Les Éditeurs*, in dem wir uns trafen, kann man heute nicht mehr gehen. Die Besitzer haben gewechselt, und inzwischen stehen Touristenmenüs auf der Karte. Eine weiße, gusseiserne Wendeltreppe verschwand ein bisschen sinnlos in der Decke des Gastraums, und der Endiviensalat mit warmem Ziegenkäse und Baguette war gut. Elisabeth und ich haben dort an unserem ersten Abend, obwohl es nicht mehr als ein Essen nach dem Büro sein sollte, bis tief in die Nacht gesessen und geredet. Über die Liebe, über Männer und Frauen, über unsere Väter, über unsere Mütter, über Heidelberg, über Leipzig, Berlin und Paris, sodass wir danach ganz erschöpft, betrunken, über uns sehr erstaunt und von da an ein bisschen wie unzertrennlich waren.

Würde man also die ersten Minuten unserer Bekanntschaft, jene Minuten in meinem Büro, abziehen, dann könnte man sagen, dass es zwischen Elisabeth und mir so etwas wie Liebe auf den ersten Blick gewesen ist.

Die Pressekonferenz war zu Ende. Alice Schwarzer verließ von einer Horde Kameras umringt den Saal, und auch ich lief ins Freie, ging neben den S-Bahn-Bögen vorbei an den RTL-Hauptstadtstudios in Richtung Friedrichstraße und registrierte mit einem Schlag ein Unbehagen in mir, ein irgendwie ärgerliches Gefühl.

Das soeben Gehörte schien, wenn ich nun noch einmal darüber nachdachte, mit meinem Leben nichts zu tun zu haben. Es schien mit mir, einer dreißigjährigen Frau in Deutschland, nicht einmal mehr ansatzweise etwas zu tun zu haben. Auf eine gewisse Art finde ich es noch immer toll, dass Alice Schwarzer und ihre Mitstreiterinnen begonnen haben, für die Gleichheit der Geschlechter zu kämpfen, aber mehr als das, was sie bis jetzt erreicht hat, wird diese Generation nicht erreichen. Die Zeit hat sie eingeholt, ihre Rhetorik ist oll, Alice Schwarzer und ihre Frauen sind Historie geworden.

Dabei sind sie weit gekommen, keine Frage. An der von ihnen in den sechziger Jahren vorgefundenen Realität – der Ungleichheit von Mann und Frau – haben sie mehr als nur ein bisschen gekratzt. Wahrscheinlich gehen sie deshalb, wenn sie dreißig Jahre später über Männer und Frauen reden, von dieser Ungleichheit noch immer wie von einer Normalität aus, die von uns, den nachgeborenen Frauen, längst nur noch als Anomalität, als Anachronismus wahrgenommen wird. Ihre Sache ist ihnen entglitten. Sie hat sich verselbständigt, und Alice Schwarzer wirkt oft so, als wolle sie mit aller Kraft verhindern, dass man ihr die Deutungsmacht aus der Hand nimmt. Aber für uns, Elisabeth und mich und andere Frauen in unserem Alter, ist die Gleichheit der Geschlechter nicht mehr ein fernes, in der Zukunft zu erreichendes Ziel. Das ist ein großer Unterschied. Er reißt einen Graben auf zwischen den Vorkämpferinnen des Feminismus und uns, die wir nichts anderes als eine selbstverständliche Gleichberechtigung zwischen Männern und Frauen wollen und zu leben versuchen. Der Unterschied ist gewaltig, er verschiebt den Blickwinkel, die Sichtweise, die Perspektive. Er markiert die Gegenwart als Beginn und nicht als das Ende eines Prozesses. Schon in den letzten Jahren wurde immer deutlicher: Längst ist es die Normalität, die zu unserer größten Sehnsucht geworden ist.

Und dieser Unterschied ist im Kern unversöhnlich, sagte ich am Telefon zu Elisabeth genau in dem Augenblick, in dem ich am Hackeschen Markt in die Straßenbahn gestiegen bin.

Ich war vorher noch bei *Starbucks* gewesen, weil die angeblich, wie Elisabeth mir einmal erzählte, die Temperatur von Milch und Kaffee mit einem Thermometer messen, damit man sich nicht die Zunge verbrennt. (Aber es stimmt nicht, ich zumindest habe sie mir prompt verbrannt.) In Kalifornien, genauer in Santa Monica, gab es unweit unseres Hotels einen *Starbucks,* gleich in der Straße hinter dem Strand. Als wir wegen der Zeitverschiebung an unserem ersten Morgen schon um sechs Uhr wach waren, haben wir dort einen riesigen Latte macchiato getrunken und zugeschaut, wie sich der Nebel ganz langsam von der Stadt aufs Meer zurückzog.

Nun hatte ich bereits die ganze Strecke von der Bundespressekonferenz über die Friedrichstraße und den Hackeschen Markt mit Elisabeth telefoniert und war während des Gesprächs, ohne es zu wollen, immer wütender geworden. Eigentlich mag ich solche Gefühle nicht besonders, Aufregung, Rumschreien, erhitzte Gemüter. Diesmal jedoch hatten wir eine Idee, und ganz so, wie man sich in manchen Momenten erstaunt etwas sagen hört, was man vorher noch nicht gedacht hat, sprach sich diese Idee aus wie von selbst.

Zu unterschiedlichen Zeiten hatten sowohl Elisabeth als auch ich überlegt, ein Buch darüber zu schreiben, wie es ist, heute eine Frau zu sein. Ein ehrliches Buch, ein persönliches, mit allem, was wichtig ist. Woher kommt man, was hat einen geprägt, worüber denkt man nach, was erzählt man seinen Freunden? Elisabeth hatte damit sogar schon einmal begonnen, die Arbeit aber irgendwann nicht weiterverfolgt.

Was also lag näher, als so ein Buch zusammen zu schreiben? Warum war uns die Idee nicht schon früher gekommen? Warum brauchten wir, als Anlass, Alice Schwarzer dazu?

War die von anderen beschriebene und in Worte gefasste Realität tatsächlich so weit von der Wirklichkeit entfernt, wie wir sie empfanden und nun aufschreiben wollten? Die Wirklichkeit, die uns so oft Anlass gab, zusammenzusitzen und zu reden: über Männer und Frauen, über Berlin und Paris, über Freundinnen und Freunde, über Liebe und Sex, über Identitäten und Rollen, über Kalifornien und die Ostsee, über Mütter und Väter, über Partner und Affären, über Elisabeth und mich. Über uns. Ein Buch.

Berlin, im Dezember 2006

Charity.
Noch eine Begrüßung

Eigentlich müsste ich arbeiten. Ich will bis Montag die Übersetzung des amerikanischen Krimis durchhaben, überprüfen, ob alles richtig ist, Fehler anstreichen, Sätze umstellen. Heute ist schon Freitag. Obwohl die Arbeit ziemlich viel Konzentration erfordert, werde ich die Nächte durcharbeiten. Die Verabredung am Samstagabend muss ich absagen, damit ich den Termin schaffe.

Denn gerade hat Jana angerufen. Ich konnte sie kaum verstehen, weil im Hintergrund die Lautsprecherdurchsagen vom Bahnhof Friedrichstraße dröhnten. Sie kam von einer Pressekonferenz mit Alice Schwarzer, die das Jubiläumsheft zum dreißigjährigen Bestehen der *Emma* vorgestellt hat. Jana führt ein anderes Leben als ich. Sie ist Journalistin und begegnet oft berühmten Leuten, über die sie dann schreibt; ich sitze in Hamburg in Jogginghose über meinen Druckfahnen, und sie ruft mich aus Berlin an und erzählt, wie sie gestern mit diesem oder jenem Fernsehmoderator telefoniert oder wie sie Anfang der Woche den einen oder anderen Schauspieler getroffen hat. Oder eben Alice Schwarzer.

Ich bin Alice Schwarzer einmal in einem Laden in Hamburg, auf dem Neuen Wall, begegnet. Es gibt dort vor allem belgische und japanische Mode und seit einer Weile auch kleinere Berliner Label. Ich habe nichts gekauft, weil ich mir davon nichts mehr leisten kann, seit ich meinen reichen Freund verlassen habe. Außerdem mag ich belgische, japanische und Berliner Mode gar nicht so sehr, ich finde, die Sachen sind zu konzeptuell. Alice Schwarzer dagegen hat viel gekauft. Ich bin nicht sicher, ob die zuvorkommenden und aufmerksamen Verkäuferinnen, hochgewachsene Frauen mit langen, glatten Haaren, wussten, wer sie war. Sie hatte etwas Majestätisches, wie sie so leichtfüßig durch den Laden schwebte, ein Lächeln auf den Lippen für jeden, der da war. Plötzlich trafen sich unsere Blicke, und ich sah sie an, wie man Fernsehberühmtheiten ansieht – immer ein wenig überrascht, dass sie, die man ja zu kennen meint, nicht reagieren. Alice Schwarzer drehte sich um und rief ihrer Begleitung eine Bemerkung über die Schuhe von Martin Margiela zu, die sie gerade entdeckt hatte.

Alice Schwarzer hat mir immer ein bisschen imponiert. Ich finde, sie ist würdevoll, wie nur die es sind, die Häme ertragen mussten. Ich glaube, sie ist mutig gewesen, und das, was man ihr heute als Überheblichkeit auslegen könnte, ist die Aura der Entschlossenen, die wissen, dass sie mehr gewagt und mehr erlebt haben als andere. Irgendwann muss man dann vielleicht auf diejenigen, die sich weniger zutrauen, gelinde herabblicken.

In dem Jubiläumsheft der *Emma*, hat Jana am Telefon gesagt, gehe es um Prostitution, Mädchenhandel und die Unterdrückung der muslimischen Frau, um Schleier, Beschneidung, Zwangsehe, Ehrenmord, Brustkrebs.

Kurz musste ich an die leukämiekranken Kinder denken, die ich gestern Abend im Fernsehen gesehen habe. In einem der drei Fernseher, die in meinem Fitnessstudio über den Crosstrainern hängen, lief die große ARD-Benefizgala mit José Carreras. Peter Maffay, Udo Jürgens und noch andere haben ein festliches Konzert gegeben, um Spenden für leukämiekranke Kinder zu sammeln. Bilder von Kindern mit großen, kahlen Köpfen und ernsten Augen wurden gezeigt, dann wurde eine Nummer eingeblendet, jeder Anruf war eine Spende. Es wird viel Geld zusammengekommen sein, ich selbst hätte beinahe mit dem Handy vom Fitnessstudio aus angerufen, denn auf einmal schien es möglich, diesen kleinen, todgeweihten Wesen zu helfen.

Aber ich habe nicht angerufen, da Charity mir irgendwie suspekt ist. Diese Veranstaltungen wirken schnell zynisch, weil ausgerechnet diejenigen mit dem Leid anderer Aufmerksamkeit auf sich lenken, die mit Aufmerksamkeit Geld verdienen.

Wenn ich ehrlich bin, kommt es mir manchmal so vor, als sei der Feminismus für Alice Schwarzer zu einem Charityprojekt geworden. Mit einer Medienkampagne fordert sie ein gesetzliches Verbot von Pornographie. Sie macht Werbung für *Bild*, auf deren Internetseite man für 9,95 Euro sieben Tage lang Zugang erhält zu vierhundert Livecams, unter anderem der *Hot Girl 1 Cam*, *Hot Girl 2 Cam* und der *Lesbo Show Cam*, und sich Filme mit dem Titel *Charlize verlangt nach härteren Strafen* herunterladen kann. Das Honorar für die Werbung, gibt Alice Schwarzer auf ihrer Website bekannt, spendet sie an drei Projekte für muslimische Mädchen in Not.

Wahrscheinlich verhält es sich so, wenn man lange ausgeschlossen war und irgendwann doch dazugehört: Man selbst erinnert sich noch gut an die Zeit, in der man nicht mitreden durfte, und meint deshalb, gar nicht richtig zum Kreis der Mächtigen zu zählen. Und so lässt man für sich selbst andere Maßstäbe gelten als für die, die man zuvor die Mächtigen nannte.

«Es ging um beschnittene Frauen, gesteinigte Frauen, eingesperrte, geschlagene, vergewaltigte, es ging um das Allerschlimmste, was einem passieren kann», hat Jana am Telefon gesagt, und ihre Stimme klang verärgert.

Ich sehe durch das Fenster in den grauen Winterhimmel. Es ist schon Mittag und noch immer nicht richtig hell geworden. Ich mache die Lampe an, die auf meinem Schreibtisch steht. In meinem Krimi hat es gerade das nächste Opfer gegeben, der Mörder hat die Frau eingeholt, er hat ihr einen Sack über den Kopf gezogen und so lange zugedrückt, bis sie erstickt ist.

Ich erinnere mich, dass ich einmal ein Foto von Alice Schwarzer gesehen habe, auf dem sie ungefähr so alt war wie ich jetzt. Sie trug ein Oberteil mit schmalen blau-weißen Streifen, wie Jean Seberg in *Außer Atem*, dazu einen kurzen schwarzen Rock. Ihre blonden Haare hatte sie zu einem Pferdeschwanz gebunden, der dicke Pony reichte bis über die Augenbrauen, sie lachte. Ich weiß noch, wie überrascht ich war, als mir auffiel, dass Alice Schwarzer und Jean Seberg ungefähr zur gleichen Zeit jung gewesen sind. Jean-Paul Belmondo ist inzwischen mehrfacher Großvater, Seberg seit 27 Jahren tot. Godard hat keine Lust mehr auf Filmpreisverleihungen und roten Teppich. In Interviews unterhält er sich lieber über Tennis als über seine Filme. Nur Alice Schwarzer möchte nicht aufhören. Kaum ein Fernsehtalker, bei dem sie im letzten Jahr nicht zu Gast war. Sie sprach über die Kanzlerin, über Prostitution, über das neue Elterngeld, über Mode, über die sinkende Geburtenrate. Und da man mehr Zuhörer findet, je lauter man spricht, sind Frauen bei Alice Schwarzer immer Figuren in Dramen, sie sind Opfer oder Heldinnen. Alice Schwarzer tut so, als hätte sich die Situation der Frauen seit den siebziger Jahren kaum verändert – weil sie inzwischen vor allem eine strategisch handelnde Medienpersönlichkeit ist, die ihr Publikum sucht.

Und weil niemand merken soll, dass sie so vieles nicht weiß über Frauen, die heute jung sind.

Denn das Allerschlimmste passiert selten, und meistens passiert es nicht uns, es passiert woanders. Unser Leben, Janas und meins, ist kein Drama. Ich lege den Bleistift weg und klappe den Computer auf.

Das Telefonat mit Jana liegt jetzt ein Jahr zurück. Es ist wieder ein solcher Tag, an dem es nicht richtig hell wird, und die Lampe auf meinem Schreibtisch brennt schon seit dem Morgen. Jana und ich haben im vergangenen Jahr viel telefoniert, fast täglich, und seit ich vor ein paar Monaten von Hamburg zurück nach Berlin gezogen bin, haben wir uns mehrmals die Woche gesehen. Ich wohne nur ein paar Straßen entfernt von ihr: Ich habe sie am Nachmittag besucht, oder wir trafen uns zum Abendessen in Restaurants in der Nähe. Jetzt hat Jana einen kleinen Sohn, und wir sehen uns seltener. Wir machen manchmal Spaziergänge in die Parks der Nachbarschaft, in denen es an den Wochentagen nachmittags ganz still ist. Kürzlich sind wir mit dem Baby in die vietnamesische Suppenküche gegangen, in der wir sonst oft gewesen sind. Aber das Kind hat so laut geschrien, dass wir uns die Suppen einpacken lassen mussten und sie bei Jana zu Hause gegessen haben.

Es haben sich ein paar Dinge verändert im vergangenen Jahr.

Vor einem Jahr konnten wir uns beispielsweise nicht vorstellen, ein Buch über Frauen zu schreiben, ohne mit einer Einführung zu beginnen, in der Alice Schwarzer eine wichtige Rolle spielt. Heute schon. Wir haben gemerkt, dass wir andere Themen viel interessanter finden. Wie es sich anfühlt, wenn man eine Affäre beginnt oder beendet. Oder warum Frauen häufig so unsicher sind und sich gern bescheiden geben und man Männern immer noch nicht recht zutraut, dass sie liebenswürdige Wesen und verlässliche Väter sein können. Oder die Frage, ob Männer anders verliebt sind als Frauen.

Das war es, worüber Jana und ich viel gesprochen haben im letzten Jahr.

Berlin, im Dezember 2007

Berliner Affären.
Über die kurze Liebe

Genau in dem Moment, in dem David mir auf einer der für diese Jahre typischen Berliner Partys vorgestellt wurde, erinnerte ich mich daran, ihn schon einmal auf einem Zeitungsfoto länger als gewöhnlich betrachtet zu haben. Das Foto war nicht größer als ein Passbild, und mir fiel ein, dass ich mir die Zeitung damals ganz dicht vor die Augen gehalten hatte, so wie ältere Leute es tun. Es war weit nach Mitternacht. Viele der Gäste tanzten schon eine Weile, und ich selbst hatte bereits darüber nachgedacht, ob es von diesem Abend noch viel zu erwarten gab oder nicht. David sah wach aus. Er gab sich den Anschein, als käme er gerade aus seinem Büro, wenn nicht sogar von einem noch wichtigeren Termin. Sein Blick war lebendig, als ginge der Abend jetzt erst los. Wir standen auf einer belebten Straße, links von uns konnte man in einiger Entfernung die Volksbühne sehen, ein paar Meter rechts von uns unterhielten sich gerade Wolfgang Joop und Hannelore Elsner, zwei jener deutschen Promis, die oft in den Klatschspalten der Berliner Zeitungen auftauchten und die ich nicht anders als ein bisschen lächerlich finden konnte, obwohl mir *Die Unberührbare* eigentlich gefallen hatte. Als ich mit David die ersten belanglosen Worte wechselte, tänzelte er leicht, beugte den Oberkörper interessiert nach vorn und suchte gleichzeitig mit den Augen die Bar nach Bekannten ab.

Mir gefiel der Gedanke, dass ich ihn bereits von dem Zeitungsfoto kannte und so auf eine Art ausgesucht hatte, die jetzt verhindern würde, dass er den ersten Schritt machen konnte.

Ich mag es nicht, wenn Männer auf mich stehen. Oder genauer gesagt, ich mag es nicht, wenn ich allzu früh merke, dass sie auf mich stehen. Es dauert dann nicht lange, und ich verliere jegliches Interesse an ihnen, weil sie nicht in der Lage sind, ihres subtil zu verbergen. Ist es sichtbar, geht es mir auf die Nerven, setzt mich unter Druck. Ich weiß nicht genau, warum. Auf jeden Fall kann ich nichts dagegen tun. Einmal verbrachte ich eine Nacht mit einem Mann, von dem viele sagen würden, dass er kultiviert aussieht. Er ist ein athletischer Typ, nicht besonders hochgewachsen, obwohl ich große Männer mag, und er kleidet sich auf eine konservative Art, von der er annimmt, dass sie gleichzeitig auch *le dernier cri* sein könnte. Wir hatten in einem verrauchten Restaurant mit schmalen Tischen gegessen und waren danach zu ihm gegangen, was, das wussten wir beide, nichts weiter zu sagen hatte. Wir taten es nicht zum ersten Mal, und außerdem gab es in unserer Beziehung, die in manchen Momenten ein loses Verhältnis, in anderen eine Freundschaft war, nichts vorauszusagen. Es konnte auch gut sein, dass nichts passierte. Liebe genügte uns als Label, als Etikett für allenfalls einen Abend und war ein Gefühl, das wir einander je nach Stimmung und Situation offenbarten oder voreinander verbargen, weil wir keine Lust hatten oder es zum gegebenen Zeitpunkt lieber mit jemand anderem teilen wollten. Abgesehen davon war er verheiratet, und ich lebte in einer Beziehung mit einem Mann, den ich liebte wie am ersten Tag. An jenem Abend jedenfalls saßen wir bei ihm in der Küche, Briefe seiner Kinder lagen auf dem Tisch, wir rauchten und tranken Wein. Plötzlich stand er auf und beugte sich über mich, während ich noch sprach. Er schob seine Hand unter mein Kinn, drehte meinen Kopf sanft, aber bestimmt in seine Richtung und küsste meinen Mund lange und mit einer Geduld, die er in kaum einer Unterhaltung aufgebracht hatte, um sich danach, wieder entschied er, wann das war, auf seinen Stuhl zu setzen, einen Schluck aus seinem Glas zu nehmen und meinen zuletzt ausgesprochenen Gedanken aufzunehmen, als wäre nichts passiert.

David war in der Partymenge verschwunden. Er kannte hier so viele Leute wie ich, und sicherlich hatten einige längst bemerkt, dass er zuerst mit mir gesprochen hatte, anstatt zu ihnen zu kommen und sie zu begrüßen. Hier beobachtete man einander. Man liebte derlei Spielereien, denn sie versprachen, dass das an sich schon dichte Geflecht von Bekanntschaften, Affären, Beziehungen und Freundschaften variiert und verändert werden konnte. Wer mit wem, das übliche Thema.

Viele der Gäste, auch David und ich, waren gegen Ende der neunziger Jahre – eines Tages wird es wahrscheinlich kurz vor der Jahrhundertwende heißen – nach Berlin gekommen. Sie konnten, wenn auch nur selten die geographische oder soziale Heimat, so ein Gefühl der Fremde miteinander teilen. Egal, ob aus Ost- oder Westdeutschland, in der neuen Hauptstadt trafen sie größtenteils noch *unbeschrieben* aufeinander, weil sie bereit gewesen waren, eine inzwischen zwar verschwundene, doch weiterhin spürbare

Grenze zu überschreiten und ihr altes Leben in Hamburg, Köln, Frankfurt, München, Dresden oder Leipzig hinter sich zu lassen. All diese ehemaligen Heimatorte lagen von Berlin gleich weit entfernt und auf jeden Fall in einer anderen Welt. Ob in Deutschland, Europa oder wo auch immer. Die Stadt war der einzige wiedervereinigte Flecken und also etwas Drittes, etwas anderes, etwas Neues.

Ich saß mit übereinandergeschlagenen Beinen an einem der Fenster, die zur Straße hinausgingen, und schaute in die warme Nacht. Ich dachte darüber nach, ob ich David in der Menge nun unauffällig suchen oder lieber darauf hoffen sollte, dass es ihn seinerseits, zufällig oder nicht, wieder in meine Richtung spülen würde. Ich hatte Lust, meiner Idee, David interessant zu finden, an diesem Abend nachzugehen. Er sah gut aus, er kleidete sich, wie es verlangt wurde, und kannte viele Leute, die auch ich kannte. Außerdem hatte ich schon in den ersten Sätzen unseres Gesprächs jene Unsicherheit an ihm gespürt, die Männern häufig eigen war und die viele hier unter einem zur Schau getragenen Selbstbewusstsein zu verstecken suchten. Ich mochte diese Unsicherheit. Oft war sie ein Zeichen dafür, dass Männer sich besser kannten, als sie zeigen wollten. Dass sie sich Gedanken über sich machten.

Es war nicht so, dass ich viele Männergeschichten hatte oder habe; dafür bin ich zu wählerisch, und es ist mir wichtig, mit den Menschen, mit denen ich Affären habe, auch interessante Gespräche führen zu können. Viele Männer beginnen erst nach dem Sex zu reden. Ich weiß, das hört sich komisch an, zumal mich häufig gar nicht besonders interessiert, was sie erzählen. Nein, ich freue mich lediglich über die Tatsache, dass sie zu reden beginnen und dass sie sich darin eigentlich kaum voneinander unterscheiden.

Überhaupt, ich halte das für einen entscheidenden Unterschied zwischen Männern und Frauen: Männer glauben tatsächlich, dass sie Sex wollen, wenn sie Sex wollen; Frauen wissen, dass sie dabei immer auch ein wenig so tun möchten, als wären sie verliebt. Sie geben sich als Anhängerinnen des Authentischen. Es muss für sie möglich sein, der jeweilige Mann muss potenziell in Frage kommen. Es muss sich so anfühlen, als wäre es *echt*, auch wenn es das offenkundig nicht ist. Männern darf das egal sein, deshalb verhalten sie sich oft, als läge darin ihr Vorteil, als wären sie dadurch unabhängiger und auf eine Art freier.

Jeder kennt diese Spiele. Ich weiß nicht, wo man die lernt: Man betritt einen Raum, schaut sich um und tut so, als hätte man den anderen nicht gesehen. Man lässt sich in einer Menschenmenge scheinbar zufällig aufeinander zutreiben und zeigt sich, steht man sich gegenüber, überrascht. Man setzt sich an die eine Ecke des Tisches und kann dabei in den Augenwinkeln sehen, wie der andere sich, natürlich ohne es zu zeigen, freut, dass man wiederum aus Zufall jenen Tisch gewählt hat, an dem er sitzt.

Zwei Tage nach der Party bekam ich von David eine SMS. Ich fuhr mit meinem Fahrrad gerade über eine Straße mit altem Kopfsteinpflaster auf den Wasserturm zu. Die Sonne schien, und irgendwie hatte ich geahnt, dass David, wenn er sich meldete, es heute und an keinem anderen Tag tun würde. David fragte, ob wir uns wiedersehen könnten. Auf der Party, es war schon fast Morgen, hatten wir irgendwann angefangen rumzuknutschen. Wir waren dafür in eine Bar um die Ecke gezogen, in die wir unter anderen, normalen Umständen nie gegangen wären. Den Sekt auf Eis servierte man dort in Gläsern, die kleinen Eimern glichen. Ich hatte kurz gezögert und darüber nachgedacht, wie ich es fand, gleich am ersten Abend geküsst zu werden, auch wenn mir Davids forderndes und selbstbewusstes Auftreten an sich gefiel. Ich stellte folgende Gedankenrechnung an: Eigentlich war beides in Ordnung. Hätte David mich nicht geküsst, dann, weil es jenes ungeschriebene Gesetz gab, nach dem man das nicht tat; küsste er mich dennoch, dann doch wohl nur, weil er dieses Gesetz kannte und sich in einem inszenierten Akt von Spontaneität darüber hinwegsetzte. In derlei Gedankenspielen fühlte ich mich zu Hause, und ich hatte den Eindruck, dass David ein Mann war, der ähnlich dachte. Mit ihm konnte ich über eine unendliche Zahl von Zeichen kommunizieren. Er kannte sie alle, und ich nahm das als Beweis einer Geistesverwandtschaft.

David hatte zwei Tage verstreichen lassen, bevor er sich meldete. An jenem Morgen in der Bar hatte er nicht nach meiner Telefonnummer gefragt, sondern mich in ein Taxi gesetzt und verabschiedet, als würden wir uns schon ewig kennen. Oder als entschiede ein höheres Wesen darüber, ob wir uns wiedersähen. Dass er nun meine Nummer, wie auch immer, herausbekommen hatte, zeigte mir ein weiteres Mal, dass David die Gepflogenheiten und Codes der Gegenwart kannte. Es war kein Problem für ihn, die Telefonnummer einer Frau zu besorgen. Und mich beruhigte es, dass er mich mit seinem Interesse auf eine bestimmte Art in Ruhe ließ. So konnte ich mir jeden meiner Schritte selbst überlegen, ohne Angst zu haben, ihn zu enttäuschen. Er demonstrierte mir, dass er nichts erwartete. Ich trug keine Verantwortung für ihn, er nicht für mich. Es war nichts als ein Spiel, das von neuem begann und dessen Ende jederzeit kommen konnte. Ich war nicht seine Auserwählte, sondern ein Spielkamerad – ein Partner, von dem er erwartete, dass er mit diesen Regeln einverstanden war. Sei es, um das in den vergangenen Geschichten Gelernte wieder einmal zu benutzen, sei es, um zu testen, ob die alten Regeln weiterhin Gültigkeit besaßen.

Ich war verliebt in das Gefühl, verliebt zu sein. Berlin war ein Ort der Illusionen und des Scheins, weil er damals noch ein Ort der Neuerfindung war. Vieles von dem, was wir taten, taten wir hier gemeinsam mit den anderen, täglich Hinzukommenden zum ersten Mal. Ein Abendessen in diesem neuen Restaurant, eine Vernissage in jener jüngst eröffneten Galerie, Spaziergänge durch unbekannte Kieze, Ausflüge ins sich entleerende brandenburgische Umland. Keiner dieser unzähligen Berliner Orte war für uns mit einer Geschichte verbunden, weil viele von ihnen in den letzten Jahrzehnten aus der Geschichte ausgestiegen waren oder nie über eine verfügt hatten. Sie waren im Entstehen, genau wie wir.

Bevor ich David kannte, war ich in einen Mann verliebt gewesen, mit dem ich mehr telefonierte, als dass ich ihn sah. Wir trafen uns nur ab und zu, zum Beispiel, um auf der Loveparade ethnologische Studien über unsere Altersgenossen zu betreiben; um in Marzahn auf der Allee der Kosmonauten spazieren zu gehen; um in der Sophienstraße nachzusehen, ob sie tatsächlich in einer so sanften Kurve verläuft, wie wir in der Zeitung gelesen hatten. Manchmal saßen wir im *Schwarzsauer* in der noch leeren Kastanienallee, das er mochte, weil irgendjemand ihm erzählt hatte, Judith Hermann habe hier gearbeitet, bevor sie anfing, Bücher zu schreiben. Dieser Mann war, nebenbei bemerkt, verheiratet. Seine Frau hatte einen Job in Stockholm und besuchte ihn nur in den Ferien und an manchen Wochenenden. Dann veranstalteten die beiden ein, wie mir schien, verlegenes Touristenprogramm. Kudamm, Reichstagskuppel, *Café am Neuen See* und so. Er war ohne sie nach Berlin gekommen, sein Arbeitgeber hatte ihm in der Hauptstadt eine Stelle angeboten, und er hatte keinen Grund gewusst, die Offerte abzulehnen. Damals ahnte er noch nicht, dass Berlin seine Ehe beenden würde. Altes und Neues vertrugen sich nicht miteinander. Er war so ganz mit dem Ankommen hier beschäftigt, dass er seine Ehefrau hinter sich lassen musste. Ich denke gern daran zurück, dass es ein Gefühl der Ortlosigkeit war, das uns verband. Wenn er mich in Friedrichshain, wo ich damals wohnte, meist in den Abendstunden anrief und ich mir während unserer Gespräche Wilmersdorf, also das Viertel, in dem sein Haus stand, nicht vorstellen konnte, ja, sogar nur eine vage Vorstellung besaß, wo es überhaupt lag. Wie zwei Kosmonauten in ihrer Raumstation schauten wir auf die vor uns liegende Erde und konnten unsere momentane Position dennoch nicht bestimmen.

Ich glaube, je weniger wir in einer Beziehung zu den Straßen, Gebäuden und Quartieren unserer Stadt standen, desto enger legte sich ein Band um uns selbst. Desto unverstellter standen wir uns gegenüber. Das Gefühl der Fremdheit, das wir selbst empfanden, entdeckten wir auch beim anderen. Nie wieder danach, scheint mir heute, fiel es mir so leicht, fremden Menschen nahezukommen, Freundschaften zu schließen, Männer kennenzulernen, Sex und Affären zu haben wie in dieser noch unbestimmten, kreisenden Zeit des Anfangs, die sich später als eine Zeit des Übergangs erweisen sollte, in der eine riesengroße und lose Gruppe von Zugereisten Tag für Tag versuchte, in Berlin heimisch zu werden.

Ich mochte die Art, wie David dem Taxifahrer seine Adresse nannte. Ich sah ihm gern dabei zu. Er wohnte in einer Ecke Westberlins, in der ich außer ihm nicht viele Leute kannte. In Wilmersdorf bin ich nie gewesen. Damals hatte ich keine Lust, mir die Inszenierung einer Ehe aus der Nähe anzusehen. Auch mit David ging ich in den ersten Nächten immer zu mir. Mein Schlafzimmer war winzig, das Fenster ging auf den zweiten Hinterhof hinaus. Zwar drang außer dem Glockenläuten einer Kirche kein Geräusch hierher, und die Sonne schien schon in den frühen Morgenstunden auf die Bettdecke, trotzdem wunderte ich mich ein bisschen, dass David sich nicht an meinen Mitbewohnern zu stören schien, die ja alles mitbekamen, ob sie sich für uns interessierten oder nicht. Diese Nachlässigkeit schien nicht zu ihm zu passen. Sie war von geradezu verschwenderischem Charakter, als wollte er unsere Liebe an ein Publikum verschenken.

Offensichtlich mochte er es nicht besonders, Frauen – fremde Frauen, Geliebte, Freundinnen? – mit zu sich zu nehmen, und so verweigerte er den Zutritt zu seiner Wohnung, als ginge es um den Zutritt zu seinem Leben. Im Taxi beugte er sich von der Rückbank zum Fahrer nach vorn, ohne ihm jedoch nahe zu kommen, und sagte seine

Adresse in einem Ton, als handele es sich um eine wichtige Geschäftsangelegenheit. Ein wichtiger Fakt, von dem jede weitere Verhandlung ihren Ausgang nehmen würde. Mit stets denselben Worten nannte er dem Fahrer seine Straße, seine Hausnummer und eine kurze, konkrete Anweisung, auf welchem Weg das Haus am besten zu erreichen sei. Wie in einem Reiseführer. Der immergleiche Wortlaut verhinderte, dass man annehmen konnte, seine Adresse würde etwas über ihn aussagen. Sie war nicht mehr als eine Formel, ein Code, der nicht nur nichts Persönliches in sich trug, sondern auch mit ihm selbst nicht viel zu tun hatte. David machte die Angabe seiner Adresse zu einer Floskel, die niemand mit einem Zugangscode zu seinem Leben verwechseln sollte.

Schnell und betont sportlich, als schaute er sich selbst dabei zu, lief er die Treppen zu seiner Wohnung hoch. Stets einen ganzen Absatz vor mir, nahm er immer zwei Stufen auf einmal. Dritter Stock. Sein Name stand ordentlich mit Vor- und Zunamen an die Tür geschrieben. In diesem Haus wurden die Zeitungen noch durch die Briefschlitze direkt in den Flur der Wohnungen hineingeworfen, sodass man morgens nicht hinunter zum Briefkasten laufen musste. Ich erinnere mich, dass an manchen Tagen, als wir uns schon länger kannten und er mich abends zuweilen mit zu sich nahm, all die Zeitungen, die er abonniert hatte, noch hinter der Tür lagen, was bedeuten musste, dass David am Morgen eine andere, jedenfalls nicht seine Wohnung verlassen hatte. Darüber dachte ich damals allerdings nicht nach. Es fällt mir erst heute wieder ein. Im ersten, dem größten Zimmer standen ein Schreibtisch und ein langes Bücherregal, im nächsten eine Stereoanlage und ein Esstisch, allerdings ohne die dazugehörigen Stühle, da David sie offenbar nicht brauchte. Seine Küche war ohnehin nicht in dem Zustand, dass er dort für andere hätte kochen können. Im Raum am Ende des Flures stand sein Bett, und ein riesiger Fernseher hing von der Decke, auf dem Boden stapelten sich Illustrierte, Klamotten lagen herum. Davids Schlafzimmer schien der einzige Ort der Wohnung zu sein, den er tatsächlich und regelmäßig in Benutzung nahm. Die anderen Räume, mit Ausnahme des Bades, wirkten dagegen wie eine Kulisse; errichtet, damit David glauben konnte, dass einer hier wohnte, der am Ende er selber war. Diese Leere in Davids Wohnung, die Leblosigkeit war, schockierte mich jedes Mal, wenn ich bei ihm war. Immer wieder betrachtete ich die wenigen Gegenstände und Möbel. Es hätte mir gefallen, wenn mein Blick an irgendeinem Detail hängengeblieben wäre, gern hätte ich eine Geschichte, eine Anekdote, eine Erzählung aus Davids Leben darin wiedergefunden. Gern hätte ich Dinge in die Hand genommen, sie mir genau angesehen. Aber da war nichts. Davids Wohnung blieb stumm, sie erzählte nichts.

Es gab viele Wohnungen in der Stadt, die der von David glichen. Die Ankommenden inszenierten eine Kargheit, die in nichts an ihr bisheriges Leben erinnern sollte und die dann doch, im konkreten Anblick, nur selten etwas anderes wiedergab als jene buchstäbliche Leere, aus der sie wahrscheinlich entstanden war. Diese Räume wiesen keine Weite auf. Sie wirkten nicht, wie ihre Bewohner gehofft haben mögen, großzügig. Sie waren bloß leer. Ein wenig unschlüssig stand man in ihnen herum. Man wusste nicht recht, wohin mit sich, und konnte sich allenfalls aufs Bett oder auf einen Stuhl am Schreibtisch setzen. In Davids Wohnung befand sich nur in jenem Zimmer, in dem der Esstisch und die Stereoanlage standen, etwas, das sich wie ein Zeichen ausnahm, eine Botschaft: Auf dem Tisch stapelte sich ein großer Berg zerknüllten Papiers. Die einzelnen Zettel waren offenbar aus der Hosentasche gezogen worden, jeweils so sorgsam chaotisch ineinandergefaltet, dass sie aneinander Halt fanden und sich auftürmen ließen. Bald war der Stapel mehr als einen Meter hoch. In Form einer Pyramide wuchs er Richtung Decke, und trat man näher an das Objekt heran, erkannte man, dass es Taxiquittungen waren, die David auf diese Art schon über einen längeren Zeitraum gesammelt haben oder für einen höheren Zweck, sagen wir mal: beiseitegelegt haben musste. Vielleicht fand er, dass dieser mittlerweile ganz beachtliche Taxiquittungsberg ein Symbol abgab, und nährte ihn deshalb wenn nicht zärtlich, so doch zumindest liebevoll. Ein Symbol für unsere Suche nach Ankunft, die derart rastlos war, dass sie sich für keinen Zustand entscheiden konnte?

Auch unsere Affären konnten Ausdruck dieser Suche sein. Sie manifestierten den Übergang, sie zelebrierten das Unentschiedene, feierten das Improvisierte und bildeten wie in einem Abguss aus Gips die vielleicht passgenaueste Form unseres Lebens. Eine Form, in der sich die Lust nach Inszenierung und Neuerfindung miteinander verbanden und die sich gleichzeitig einer chronologischen Erzählung von Liebe genauso verweigerte, wie wir uns der chronologischen Erzählung unseres bisherigen Lebens verweigerten. Hier in Berlin sollte alles ein Neuanfang sein, auch wenn viele wahrscheinlich längst ahnten, dass dieses Spiel nichts als ein flüchtiger Moment bleiben würde, eine Etappe, bevor alles wieder in eine neue alte Ordnung finden und sich hierarchisieren würde.

In jenen gemeinsamen Wochen mit David taten wir, was nach der Arbeit alle taten. Wir aßen in Restaurants in Mitte, wir gingen tanzen, wir tranken irgendwo mit Freunden und oberflächlichen Bekannten. Wir erzählten uns Geschichten aus unserer Kindheit. Wir schliefen miteinander, und wenn einer Drogen dabeihatte, dann schliefen auch unsere Freunde miteinander. David und ich machten uns einen Spaß daraus, dass manche der Leute, die uns im Nachtleben begegneten, wussten, wie wir zueinander standen, und andere ahnungslose Gesichter aufsetzten, obwohl sie Fragen hatten. Manchmal, selten, und immer nur an den Wochenenden, sahen wir uns an zwei aufeinanderfolgenden Abenden. Das verstieß nämlich, wie David fand, gegen die Regeln. Schließlich waren wir kein Paar. Auch meinte er, dass er dann schlecht sei, wie er sagte, und obwohl ich gar nicht verlangte, dass er mich wie ein Entertainer unterhielt, konnte ich ihn zu nichts anderem überreden. Immer wieder ermahnte er mich, die flüchtige Form unseres Umgangs beizubehalten.

An einem Abend, schon kurz vor dem Ende, das sich trotz aller Vorsichtsmaßnahmen und Regelungen unübersehbar ankündigte, weil es ja doch eine Voraussetzung unserer Begegnung war, holte ich David vom Flughafen ab. Er war bei seiner Mutter in München gewesen. Noch im Auto fiel mir ein, wie David mich, es war keine sechs Wochen her, seinerseits vom Flughafen abgeholt hatte. Obwohl er selbst nur drei Stunden später eine Maschine nach Rom nehmen musste und uns nur eine Stunde Zeit blieb, hatten wir uns damals in ein Taxi gesetzt und waren zu mir nach Hause gefahren. Die Minuten schienen uns derart kostbar, dachte ich und war mir schon im nächsten Augenblick nicht mehr sicher, ob wir diesen Aufwand auch heute noch betreiben würden. Was uns euphorisch gemacht hatte, war verschwunden. Unsere Affäre war in die Jahre gekommen, sie hatte an Intensität verloren, an Energie eingebüßt. Schon mehr als einmal war es passiert, dass einer auf die SMS des anderen mit beträchtlicher Verzögerung reagiert hatte oder wir uns an mehreren Tagen hintereinander weder gesehen noch gesprochen hatten, auch wenn ich zugeben muss, dass es stets David war, der den Rhythmus bestimmte. Einmal begegneten wir uns sogar überraschend auf derselben Party; David kam in Begleitung einer Frau, die ich nicht kannte. Nachdem wir uns flüchtig begrüßt hatten, war klar, dass einer von uns von hier verschwinden musste. Derlei Kollisionen waren nicht geplant, sie verdarben den Spaß und brachten Probleme, die besprochen werden mussten. Aber genau das wollte keiner von uns.

An dem Abend jedoch, an dem ich zum Flughafen fuhr, war ich froh, David wiederzusehen. Ich hatte ihn ein wenig vermisst, außerdem würde er sicher gute Laune haben, weil er aus München und von seiner Mutter kam. Gemeinsam liefen wir durch die Straßen von Berlin. Wir umarmten uns, blieben stehen und küssten uns, sodass jeder, der uns sah, glauben musste, wir seien ein ganz normales Liebespaar. Als wir vor seiner Haustür angekommen waren, verlangte David plötzlich, den Rest des Abends allein zu verbringen. Er sei erschöpft von der Reise, müsse morgen im Büro wieder fit sein, ich solle doch lieber nach Hause fahren. Mit der linken Hand machte er dabei ein Zeichen, als wollte er mir das erstbeste Auto gleich wie ein Taxi anhalten. So schnell konnte David seine Stimmung ändern, und so schnell änderte sich auch der Ausdruck seiner Augen, seines Mundes, des ganzen Gesichts. David schaute mich verächtlich an. Mir blieb keine andere Wahl, als mich umzudrehen und zu gehen, auch wenn ich später einmal dachte, dass es doch erstaunlich gewesen war, wie schnell ich ihm gehorcht hatte. Diesem Blick aber hielt ich nicht stand.

Kaum war ich ein paar Meter gegangen, kam David hinter mir her. Er griff nach meinem Arm und hielt mich fest, sodass wir auf eventuelle Beobachter einen ziemlich lächerlichen Eindruck gemacht haben müssen. Ich solle bleiben, versuchte er mich zu überreden, um es sich dann, nur Minuten später, doch wieder anders zu überlegen und mich erneut wegzuschicken. So ging das ein paarmal. Immer wieder das gleiche Hin und Her. Ich erinnere mich noch heute an Davids angewidertes Gesicht in den Momenten, in denen er mich fortschicken wollte. Und daran, wie es plötzlich wieder sanftere Züge bekam, wenn er mich zum Bleiben überreden wollte. Als wir dann schließlich doch in Davids Wohnung waren und miteinander geschlafen hatten, begann die Auseinandersetzung von neuem und hielt so lange an, bis ich die Hand abermals auf die Türklinke gelegt hatte und definitiv nach Hause gehen wollte. Aber in der Sekunde, in der ich die Tür öffnete, zog David mich an sich und uns beide zu Boden. Wir lagen in seinem Flur, er sah mich lange und wie flehend an, als wünschte er, das ganze Theater der letzten Stunden wäre nie passiert. Es war absurd. Unser Spiel nahm hysterische Züge an. Wir lagen nebeneinander, und ich konnte ihm ansehen, dass das Ganze für ihn zu viel gewesen war, er verachtete solche Szenen. Sie rochen nach Entgleisung, nach Entäußerung, nach Sich-nicht-im-Griff-Haben und gehörten in eine andere, auf jeden Fall nicht in unsere Zeit. All das spürte ich, und als ich wenig später ins Auto stieg, war mir klar, dass unsere Affäre vorüber war. Von diesem Moment an würde David keine Lust mehr haben, und mir wurde es auch zu viel. Wir hatten die Kontrolle verloren; ich hatte ihn auf dem Boden im Flur seiner Wohnung in einem Zustand gesehen, in dem er nicht gesehen werden wollte. Diesen Anblick würde David mir nicht verzeihen.

Noch immer kann ich sie riechen, die Luft meiner ersten Tage in Berlin. Fast zehn Jahre ist das her. Es war so heiß und die Luft so lang anhaltend staubig wie in keinem Sommer seither. Die Straßen waren wie leer gefegt, und es schien mir, als wären meine Schwester und ich außer ein paar vietnamesischen Gemüsehändlern die einzigen Bewohner, die trotz der Hitze in der Stadt ausharrten und auf kühlere Tage warteten. Wir waren auf der Suche nach einer Wohnung für mich, und meine Schwester half mir, obwohl auch sie kaum eine Ahnung hatte, wo man wohnte und wo nicht, welche Viertel schön waren und sich eigneten und welche nicht. Wir schliefen bei einem Freund aus Kindertagen. Ich stelle mir vor, dass sich auf diese Art viele Ankünfte in großen Städten ereignen, schon immer. Das Bett des Freundes war nichts weiter als eine Matratze in einer Zimmerecke, und wir lagen auf unseren Isomatten quer im Raum. Vor seiner Zimmertür führte ein schmaler Flur zu Küche und Bad, die ganze Wohnung war mit Bastmatten ausgelegt, immer wieder verfingen sich Strohhalme zwischen unseren nackten Zehen. Morgens beim Frühstück lasen wir eine der Regionalzeitungen, für die man überall kostenlose Probeabos bekam, tranken schwarzen Kaffee und schmierten Marmelade auf weißen Toast. Die Fenster gingen alle auf denselben Innenhof, und der Krach, wenn die schwere Tür vom Vorderhaus zufiel oder die Mülltonnen klapperten, stieg als einziges Geräusch von draußen zu uns herauf in den vierten Stock. Abends lagen wir in dem noch immer heißen Zimmer und schauten Videos. Alles, was ich tat, wirkte, als wollte ich eine Langeweile bekämpfen, die ich gar nicht empfand, obwohl sie überall präsent war. Ich befand mich auf einer Schwelle, einem Übergang. Hätte mich jemand gefragt, ich hätte nicht sagen können, warum ich Leipzig verlassen wollte. Es war nur so ein Gefühl, ein kurzer, spontaner Entschluss, der mir vor ein paar Wochen in den Kopf gekommen war und sich dort festgesetzt hatte. Früher war ich nach der Schule mit dem Fahrrad nach Hause gefahren und hatte gedacht, dass ich an keinem anderen Ort als diesem leben wollte. Nun aber war mir die Stadt meiner Kindheit zu klein geworden. Vielleicht war zehn Jahre nach dem Mauerfall ein Abschnitt zu Ende gegangen, dem nichts mehr hinzuzufügen war. Aus einer Zeit, die sich gerade noch im Verlauf befand, war plötzlich eine Episode geworden. In jenen ersten Berliner Nächten jedenfalls bin ich ohne Träume gewesen. Wahrscheinlich wussten sie genauso wenig wie ich, woher ich gekommen war und wohin ich gehen würde.

Das Leben ist schneller als alles, was sich damit beschäftigt, und so wie ich heute in Berlin zu Hause bin und nicht mehr ankommen muss, sind auch jene Jahre des Übergangs der Stadt in eine andere vorbei. Im Rückblick werden es Jahre der sozialen Illusion gewesen sein. Der Westen traf, vom Wohlstand verwöhnt und doch erlebnishungrig, auf die ehemalige Hauptstadt der DDR, die trotz ihrer Wucht und Größe porös und wund genug war, alles in sich aufzunehmen und aufzusaugen wie ein Schwamm. An diesem noch offenen, undefinierten Ort sind wir, die wir neu waren, egal, ob arm oder reich, ob in Anstellung oder nicht, ob mit hochfliegenden Plänen oder genügsam, einander begegnet. Diese Zeit ist vorüber. Das Leben hat sich aus den Hinterhöfen in die Schaufenster verlagert. Nichts darf mehr unsichtbar bleiben, denn nun ziehen vor allem Touristen durch die Straßen, und die Clubs spielen ihre Musik für Menschen von auswärts. Orte, an denen man vor ihnen sicher wäre, an die sie mit ihren Reiseführern und Insider-Tipps nicht gelangen könnten, gibt es nicht mehr. Der Charme des Provisorischen ist dem Glanz des Repräsentativen gewichen und die Stadt ganz damit beschäftigt, ihr eigenes Bild zu sein. Sie hat sich wieder geschlossen, und entsprechend sind auch die Claims und Zirkel unseres Lebens abgesteckt. Karrieren sind passiert oder lassen noch immer auf sich warten, die eine Gruppe begegnet der anderen nicht mehr, niemand trägt mehr ein uneingelöstes Versprechen mit sich herum. Aus Berlin ist die Zukunft gewichen, es ist nun ganz Gegenwart und droht, ins Vergangene zu kippen, Zitat zu werden. Jeder ist an seinem Platz angekommen, und so bewegt man sich wieder in den

Grenzen, die für eine strukturierte Gesellschaft da sind und die ihre sozialen Räume definieren. Räume, die es in den Jahren, als wir hier ankamen, noch nicht gab, oder die wir nicht sehen wollten, weil wir jung waren.

Was uns in jener Zeit verbunden hat, ist von uns abgefallen. Heute schauen wir aneinander vorbei, wenn wir uns in den Straßen begegnen. Beim Spiel der ersten Jahre ist keiner unschuldig geblieben, und so läuft wieder jeder für sich allein herum, mancher vielleicht noch immer auf der Suche nach dieser Vergangenheit. Auch die Liebe findet längst wieder in festen Beziehungen statt. Die Affären sind zu Erinnerungen geworden. Alles in allem eine ziemlich sexlose Zeit. Wenn ich David heute noch ab und an irgendwo im Nachtleben sehe, dann grüßen wir uns höflich und schauen so, als überlegten wir, woher wir uns kennen.

Sex wie ein Mann.
Über Anpassung

Als mir klar wurde, dass die Geschichte mit Christian und mir vorbei war, saß ich an meinem Schreibtisch, rauchte eine Zigarette, und plötzlich zog sich etwas in meinem Brustkorb zusammen, sodass ich das Gefühl bekam, jemand schnürte immer fester ein Korsett um mich. Diese Empfindung, eine Art Atemnot, überkommt mich seither regelmäßig. Wenn ich einen schweren Koffer trage, lange im Zug gesessen habe oder fürchte, dass mein Leben nicht so läuft, wie ich will. Ich war bei verschiedenen Ärzten, habe meine Lunge untersuchen lassen und meine Wirbelsäule, ich war bei der Shiatsu-Massage, bei einer Osteopathin und beim Yoga. Ich habe auch aufgehört zu rauchen. Es wurde aber keine Ursache festgestellt, und man konnte mir lediglich sagen, dass es sich um ein psychosomatisches Symptom handeln müsse, die derzeit weit verbreitet seien, ähnlich wie Schlafstörungen oder chronische Rückenschmerzen. Ich habe gelernt, damit zu leben; nur selten denke ich noch, dass ich wirklich ersticke.

Wenn es keine eindeutige Diagnose gibt, die ein Arzt uns mitteilen kann, machen wir uns daran, unsere körperlichen Defekte zu deuten. Wir überlegen und spekulieren, die Krankheit wird zur Metapher, ein Zeichen, das Auskunft gibt über das eigene Leben. Und meine Deutung meines Defektes geht so: Wenn ich das Gefühl habe, keine Luft zu bekommen, denke ich an Christian. Die Erinnerung hat nichts mit Reue oder Sehnsucht zu tun, wahrscheinlich nicht einmal mehr mit Christian. Aber in diesen Momenten weiß ich, dass die Geschichte eine deutliche Spur in mir hinterlassen hat. Mir fällt dann wieder ein, was ich durch sie verstanden habe: Ich möchte keine Frau sein, die wie ein Mann sein möchte. Ich möchte nicht so sein wie Christian.

Christian wollte jederzeit Herr der Lage sein, er gab sich immer gefasst und schien ungerührt von den Dingen, die sich in seinem Leben ereigneten. Er wollte um jeden Preis verhindern, dass das, was er erlebt, eine Spur in ihm hinterlässt. Ich habe versucht, auch so zu sein, bis ich feststellte, dass dieser Anspruch in Wirklichkeit einer war, den Christian an sich selbst hatte. Ich wollte mich seinen Maßstäben anpassen, seinen Vorstellungen, wie man miteinander umgeht, wie man miteinander spricht, und davon, was es heißt, verliebt zu sein. Wie viele Frauen habe ich lange akzeptiert, dass es die Männer sind, die die Spielregeln aufstellen, im privaten wie im öffentlichen Leben, und dass man sich daran zu halten hat, will man eines Tages dazugehören.

2001 waren in der Fassade der Staatsbibliothek Unter den Linden, in die ich mehrmals in der Woche ging, noch die russischen Einschusslöcher zu sehen. Im Flugzeug stand noch manchmal die Cockpittür offen, und wenn man einen Sitz in den vorderen Reihen hatte, konnte man den Himmel durch die Frontscheibe sehen. Die *FAZ* gab die *Berliner Seiten* heraus, ich trank im *Cookies* Cocktails, die *Watermelon Man* hießen, und klebte mir wie Enie van de Meiklokjes Glitzersteinchen in die Augenwinkel.

Christian und ich lernten uns bei einem Essen kennen, das mein Bruder bei sich zu Hause gab. Später, als ich mich nicht mehr mit Christian traf, wollte ich meinen Bruder über ihn ausfragen, weil ich hoffte, etwas zu erfahren, was mir vielleicht entgangen war, irgendetwas, wodurch sich vielleicht erklären ließe, warum zwischen uns alles so schiefgelaufen war. Aber mein Bruder sagte nur, er wisse nicht viel über ihn. Mit Christian habe er eine Männerfreundschaft, eine lose Verbindung, die ohne große Worte auskomme, in der man gemeinsam Ausstellungen besuche, ins Kino oder ein Bier trinken gehe, in der man über Kunst, Design, Fußball, Politik spreche und nie über sich selbst. Das war ungefähr der Zeitpunkt, als ich verstand, dass eigentlich alle Beziehungen, die Christian führte, lose Verbindungen waren, die ohne große Worte auskamen.

Ich habe Christian nie erzählt, dass ich unter psychosomatisch bedingter Atemnot leide, seit die Sache mit uns zu Ende ist. Er ist nicht der Typ, dem man so etwas erzählen möchte; ich habe ihn seitdem auch nur zweimal wiedergesehen. Einmal, kurz nach unserem letzten Gespräch, auf einer Party, zu der irgendein Magazin in einem Hinterhof nicht weit der Hackeschen Höfe eingeladen hatte. Ich weiß nicht mehr, worüber wir an diesem Abend gesprochen haben, wahrscheinlich über Dinge, über die man sich bei solchen Veranstaltungen gewöhnlich unterhält. Ich weiß aber noch, ich war wütend auf ihn und wollte auf keinen Fall, dass er meine Wut bemerkte. Ich meinte, dass er zu viel über mich wüsste, wenn ich meine Wut zeigen würde. Ich hielt Wut für ein intimes Gefühl, intimer jedenfalls als alles, was ich Christian bis dahin von mir erzählt hatte.

Und dann habe ich ihn neulich, nach Jahren, wiedergesehen. Wir trafen uns zufällig auf einer Party, zu der jemand mich mitgenommen hatte. Wir kamen spät hin, der Gastgeber hatte einen Sänger eingeladen, der mitten in dem loftartigen Raum auf einem kleinen Hocker saß, seine traurigen Singer/Songwriter-Lieder vortrug und dazu Gitarre spielte. Schon als ich den Raum betrat, sah ich Christian. Er lehnte an einem großen Fenster, das bis auf den Boden reichte, und hinter ihm leuchtete der Lichtwürfel der Oberbaum City. Sein Blick ging unruhig im Zimmer umher, doch er bemerkte mich nicht. Die anderen saßen auf dem Sofa oder auf thailändischen Kapokkissen und hörten andächtig zu. Die Stimmung war ein bisschen feierlich, und wenn Christian etwas hasste, so viel wusste ich über ihn, dann waren es Gefühlsbekundungen, zumal kollektive.

An dem Abend, an dem ich Christian kennenlernte, kochte mein Bruder für zehn Personen Miesmuscheln in Tomatensud. Er wohnt in Friedrichshain in einer Wohnung mit Ofenheizung. Alle Fenster gehen nach Norden, sodass die Sonne nie hineinscheint, aber da vor dem Haus eine große Freifläche ist, über die nur die Gleise der S-Bahn führen, sind die Zimmer trotzdem hell. Heute wird mein Bruder oft gefragt, warum er nicht umzieht, die Zeiten der Ofenheizung seien vorbei, Berlin sei nicht mehr so. Aber er möchte in der seltsam stillen Gegend hinter der Warschauer Brücke bleiben, in der die Immobilienpreise so günstig sind, dass Autohäuser und Discounter-Märkte dort ihre containerartigen Verkaufshallen bauen.

Das Gespräch am Tisch fand zwischen mehreren Leuten statt. Es war die Art von Unterhaltung, bei der es darum ging, die eigene Weltläufigkeit zum Ausdruck zu bringen und gleichzeitig als selbstverständlich darzustellen. Eine diffizile Art der Gesprächsführung, die Christian offenbar beherrschte. Er sagte nicht: «Ich war neulich mal wieder in New York.» Er sagte: «Gegen Dosenbier ist überhaupt nichts einzuwenden. Im *Johnsons* in der Ludlow Street gibt es ausschließlich Dosenbier.»

Christian und ich saßen uns gegenüber, und während die anderen Gäste miteinander sprachen, sahen wir uns manchmal an und lächelten. Als ich ging, hatten wir kaum ein Wort geredet. Ich fand, dass es zu einer interessanten Ausstrahlung beitrug, ein Essen als Erster zu verlassen, ganz so, als gäbe es Wichtigeres, eine andere Party zum Beispiel oder einen Termin am nächsten Morgen. Ich wusste über Christian nicht mehr, als dass er Redakteur bei der Magazinbeilage einer großen Zeitung war, dunkelblondes Haar und gerade Schultern hatte und offenbar auch dann gern einen Anzug trug, wenn es niemand von ihm erwartete. Aber sein Blick, seine Art zu lächeln schienen das Versprechen zu enthalten, dass seine spröde Haltung etwas Weiches, Sensibles wie ein Geheimnis verbarg und dass er mir dieses Geheimnis unter Umständen verraten würde.

Flüchtige Begegnungen dieser Art mochte ich damals gern. Nicht weil ich es besonders angenehm fand, Menschen kennenzulernen, dazu war ich zu verschlossen. Es gefiel mir, *gerade* jemanden kennengelernt zu haben, oder vielmehr: Es gefiel mir, dass *mich* gerade jemand kennengelernt hatte und so wenig über mich wusste, dass ich das Bild, das ich abgab, noch ganz unter Kontrolle hatte. Der Blick desjenigen, der mich kaum kannte, war noch so oberflächlich und ungenau, dass ich beeinflussen konnte, was mein Gegenüber von mir dachte. Mein eigentliches Ziel bestand dabei darin, auch mein eigenes Gefühlsleben irgendwann so weit beeinflussen zu können, dass ich genau das empfinden würde, was ich wollte. Denn ich meinte zu wissen, was Männern an Frauen gefiel, vor allem aber, was ihnen an Frauen nicht gefiel. Sie mochten es nicht, wenn Frauen auf aufdringliche Weise ihre Gefühle äußerten, wenn sie überempfindlich waren oder anhänglich. Wenn sie mal wieder gekränkt, verletzt oder tief getroffen waren, wenn sie weinten oder herumschrien. Um diesen grundsätzlichen Vorbehalt auszuräumen, bemühte ich mich, möglichst unbeteiligt zu wirken, was, glaube ich, auch ganz gut funktionierte. Andererseits war es im Grunde hilfreich, dass viele Männer Frauen für überspannt oder überempfindlich hielten. So konnte ich mich selbst als Ausnahme von der Regel präsentieren und mich fühlen wie früher in der Schule, wenn unsere Lehrerin die korrigierten Klassenarbeiten zurückgab und meine Leistungen lobte, während sie mitteilte, vom Rest der Klasse enttäuscht zu sein. Ich weiß, dass das nicht besonders sympathisch klingt, aber ich muss das sagen, weil es dazugehört, und ich bin mir sicher, dass die Geschichte nicht so verlaufen wäre, wenn ich anders gewesen wäre.

Ein paar Tage darauf erzählte mir mein Bruder, dass Christian eine Freundin hatte. Erwähnt man einen ganzen Abend lang die Person, mit der man zusammen ist, kein einziges Mal und wirft dabei einer anderen Person intensive Blicke zu, tut man dies nicht ohne bestimmte Absicht, wenn auch nicht immer klar ist, mit welcher. Über Christians Absicht dachte ich allerdings gar nicht nach. Ich ärgerte mich nicht, weil er mir etwas verschwiegen hatte oder unaufrichtig gewesen war, sondern weil er offenbar meinte, es machte mir etwas aus, dass er eine Freundin hatte. Anscheinend hielt er mich für nicht abgebrüht genug, mich auf jemanden einzulassen, der eine Freundin hatte, sich selbst dagegen für derart abgebrüht, mir von seiner Freundin gar nicht erst zu erzählen. Darüber ärgerte ich mich. Denn abgebrüht wirken wollte ich unbedingt. Ich wollte nicht eine dieser Frauen sein, die aus allem ein Theater machten, ich wollte wie eine Frau wirken, die nichts so leicht umhaut. Mich auf einen Mann einzulassen, der mit jemand anderem zusammen war, konnte zu dem Bild durchaus beitragen, dem ich gerade zu entsprechen suchte, nämlich dem einer unerschrockenen und, fand ich, modernen Frau. Auch das macht mich nicht sonderlich sympathisch, aber auch das gehört zur Geschichte.

Ich glaube nämlich, genau das war es, was Christian an mir gefiel. Nach dem Abendessen fragte er jedenfalls meinen Bruder nach meiner E-Mail-Adresse und schrieb mir auf eine Weise, die man nicht mehr als spröde bezeichnen konnte. Er schrieb, dass er mich wiedersehen möchte und dass ich die hohen Stiefel anziehen solle, die ich bei meinem Bruder getragen hatte. Als wir uns besser kannten, rief er mich auch an, oft spätabends, wenn es in den Straßen stiller wird und die Gespräche unvermeidlich etwas Intimes haben. Er fragte nicht, ob er mich vielleicht störe. Überhaupt hatte die Art, wie er mit mir sprach, nichts Zweifelndes oder Tastendes oder gar Schüchternes. Es war, als forderte er etwas ein, das ihm zustand, sodass sich gar nicht erst der Eindruck ergab, er folge einem Gefühl, einer Zuneigung zum Beispiel. Die zielstrebige Weise, mit mir zu reden, sollte deutlich machen, dass er nur deshalb mit mir im Restaurant zu Abend aß, weil es eben dazugehörte – dass er aber darauf auch verzichten könne, da es schließlich um nichts anderes ging als um Sex, um sein männliches Verlangen, das im Gegensatz zum weiblichen so fordernd und selbstbewusst ist, weil es als rein körperliches verstanden wird und nicht als Ausdruck von etwas Innerem, einer Sehnsucht.

Ich war eigentlich ganz froh, dass Christian die Organisation unseres Zusammenseins übernahm und ich mich weitgehend passiv verhalten konnte. Ich wartete auf seine Anrufe. Er nannte mir Datum und Uhrzeit, holte mich zu Hause ab und entschied, in welches Restaurant oder in welche Bar wir gingen. Für mich war so die Gefahr geringer, dass ich einen Fehler machte, dass ich mich zu weit vorwagte. Sonst würde er womöglich sehen, dass mir inzwischen wirklich etwas an ihm lag und ich ihn mochte, obwohl oder vielleicht gerade weil er so unzugänglich war. Überließ ich ihm die Initiative, würde er meine heimliche Sehnsucht nicht bemerken, meinen Wunsch, ihm gegenüber offen zu sein, ihm zu erzählen, was mich bewegte, was ich dachte, ihm zu sagen, dass er mir fehlte, wenn wir uns ein paar Tage nicht sahen. Es war Christian, der das Terrain unserer Beziehung absteckte. Er zog die Grenzen; ich überschritt sie nie.

Weil Christian eine Freundin hatte, trafen wir uns nur an Orten, an denen wir niemandem, den wir kannten, zufällig begegnen würden. Wir fuhren mit seinem Auto, einem alten schwarzen Alfa Romeo, in den Westen und aßen dort meistens in schrecklichen Restaurants, in die sicher keiner unserer Bekannten ging und die auch wir unter anderen Umständen nie betreten hätten. Heute erscheinen mir diese Verabredungen eigentümlich sinnlos und langweilig. Offenbar eignet sich nicht jede Verliebtheit als Erinnerung. Eine Verliebtheit, die es nicht vermochte, eine Verbindung zum anderen zu schaffen, weil sie nichts als die eigene unerfüllte, nie eingestandene Hoffnung war, vergisst man schnell. Was zwischen Christian und mir nicht gesagt wurde, bleibt für immer unausgesprochen, und was eine Verheißung zu sein schien, ist heute, in meiner Erinnerung, nichts als freudloses Schweigen. Auch wenn ich damals noch glaubte, uns eine etwas, irgendetwas, das ich nicht näher bestimmen konnte, stellte ich bald fest, dass wir keine Gesprächsthemen hatten. Christian schien genaue Vorstellungen davon zu haben, wie unsere Beziehung auszusehen hatte, er drückte sich aber oft vage aus, wenn es darum ging, eine Meinung zu einem alltäglichen Thema zu äußern. Sprachen wir zum Beispiel über Städte, die wir besucht, oder über Filme, die wir gesehen hatten, verstand ich oft gar nicht, was er sagen wollte, weil er sich so einsilbig oder verrätselt ausdrückte. Wenn ich dann nachfragte, was ich selten tat, ging er nicht auf meine Frage ein. Es war, als traute er sich nicht, eine Meinung zu äußern, als würde er sich angreifbar machen, wenn er einen Standpunkt bezog. Also schwieg er. Er hatte verschiedene Arten zu schweigen, so jedenfalls kam es mir vor, und ich deutete sein Schweigen entsprechend meiner Stimmung. Ich glaubte, er verberge dahinter etwas Aufregendes, Geheimnisvolles: sein Inneres, sein wahres Empfinden. Sinnlos erscheinen mir diese wortkargen Abende heute, weil ich weiß, dass es bei Christian kein wahres Empfinden gab. Er hatte sein Inneres so lange verborgen, hatte es so lange verschlossen gehalten, bis es einging wie eine Pflanze, die kein Licht bekommt.

Zu meinem Geburtstag schenkte er mir ein Buch, von dem er sagte, er habe es sehr gern gelesen. Seit langem habe ihn kein Buch mehr so beeindruckt, sagte er. Ich beeilte mich, den Roman zu lesen, weil ich hoffte, darin etwas über Christian zu erfahren; mehr noch hoffte ich, dass er mir mit dem Buch, mit der Handlung, die es erzählte, vielleicht etwas sagen wollte. Ich hoffte, einen Hinweis zu entdecken, was Christian wirklich dachte, wie er wirklich war. Doch der Roman langweilte mich bald, sodass ich ihn gern weggelegt hätte: Das Ganze war vorhersehbar, und die Erzählung des Mannes, der sich daran erinnert, dass er als Kind einen Mord mitangesehen hatte, wollte mir nichts sagen. Aber ich zwang mich, das Buch zu Ende zu lesen. Als ich Christian schließlich fragte, was er daran eigentlich so gut gefunden habe, sagte er nur: «Ich mochte es eben einfach.» Über Geschmack lasse sich nicht streiten.

Die wenigen Geschichten, die Christian mir über sich erzählte, waren stets solche, aus denen er als Gewinner hervorgegangen war. Für Christian gab es immer einen Gewinner und einen Verlierer, wobei der gewann, der am meisten Gelassenheit besaß und den alles, was er erlebte, unbeeindruckt ließ. Einmal gingen wir in eine Pizzeria am Savignyplatz, die so groß war wie eine Turnhalle und in der die Pizzen nach italienischen Städten benannt waren; Christian erzählte von seinem Vater, der sehr krank war und vielleicht sterben würde. Ich war erstaunt, dass er mit mir darüber sprechen wollte, aber eigentlich wollte er das gar nicht. Denn als ich ihn fragte, ob er Angst um seinen Vater habe, ob er sich Sorgen mache, sagte er, Angst bringe im Leben nie etwas, und rief den Kellner, bei dem wir eine Pizza Venezia, eine Pizza Torino und einen halben Liter Hauswein rot bestellten. Obwohl ich selbst nicht das Gefühl hatte, aus den Geschichten, die ich erlebt hatte, als Gewinner hervorgegangen zu sein, erzählte ich sie Christian so. Ich wollte ihm zeigen, dass ich nicht zimperlich war, hart im Nehmen, nicht wie die anderen Frauen. Wenn er das erst mal verstanden hätte, wäre immer noch Zeit, darüber zu sprechen, was *ich* eigentlich wollte, über *meine* Vorstellungen und Bedürfnisse.

Seine Stimme war ungewöhnlich dünn für einen Mann von seiner Statur, und manchmal drohte sie sogar zu brechen. Ich stellte mir vor, dass wir uns streiten würden; er würde mich anschreien, weil ich ihn wütend gemacht hätte, und die Stimme würde ihm versagen. Ich dachte, dass wir uns bald besser kennen würden. Wir würden vielleicht sogar über diese Anfangszeit lachen, in der wir nie sagen konnten, was wir wirklich dachten. Ich würde alles über ihn wissen, er alles über mich. Wir würden uns erzählen, wovor wir Angst hatten, was wir gut fanden und was nicht und warum. Aber Christian hat mich nie angeschrien, weil ich nie etwas getan habe, was ihn hätte wütend machen können, und ich habe auch nie mehr über ihn gewusst als damals in den Restaurants in Westberlin.

Da wir kein Paar waren, trafen wir uns nur abends. Manchmal kam ich zu ihm nach Hause, doch das war riskant, erzählte er mir eines Tages, da die beste Freundin seiner Freundin genau gegenüber wohnte. Einmal gingen wir zusammen in eine Bar, die ziemlich heruntergekommen war, aber Champagner servierte. Wir kamen mit dem Mädchen, das neben uns saß, ins Gespräch; Christian sprach sie an. Vielleicht wollte er mir zeigen, dass er sich durchaus für andere Frauen interessierte. Das Band zwischen uns ist dünn, wollte er mir sagen, ich könnte es jederzeit kappen. Das Mädchen war wohl in meinem Alter und auf eine Berliner Art sehr hübsch. Irgendetwas war schief an ihr, ihre Nase, oder vielleicht schielte sie auch ein bisschen. Christian blickte ihr mehrmals lange in die Augen, und als wir gingen, fragte er sie nach ihrer Telefonnummer. Sie war erstaunt, weil sie wahrscheinlich dachte, wir wären zusammen. Sie sah Christian an, dann mich, und als ich nur mit den Schultern zuckte, nahm sie einen Stift aus ihrer Tasche und schrieb auf einen alten Kassenzettel, den sie auch in der Tasche fand, ihre Nummer.

Ich muss gestehen, dass ich dieses Kapitel ein paarmal umgeschrieben habe. Ich wollte nicht erzählen, wie gemein Männer sein können. Ich wollte nicht, dass es klingt, als hätte ich alles richtig und Christian alles falsch gemacht. Männer wie Christian …, könnte ich beginnen und berichten, dass ein Mann eine Frau verlässt, wie Männer Frauen schon immer verlassen haben. Weil eine andere ihm besser gefallen hat oder weil es eben so ist in der Liebe, sie kommt und geht, man weiß nicht, warum. Jeder verstünde auf Anhieb, was ich meine. Eine erste Fassung dieses Textes sah auch ungefähr so aus.

Aber so ist es nicht gewesen. Es ist so gekommen, weil

ich mich Christian gegenüber nie über sein Verhalten beschwert habe. Immer tat ich, als wäre alles in Ordnung, verhielt mich, wie Christian es von mir erwartete. Ich habe von mir verlangt, mich seinen Erwartungen anzupassen, und habe nie von ihm verlangt, dass er sich meinen Erwartungen anpasst. Ich habe diese Erwartungen nicht einmal formuliert.

Eine Freundin lernte in der Zeit, in der ich mich mit Christian traf, ihren Freund kennen, mit dem sie heute noch zusammen ist. Sie kannten sich damals erst eine Woche, da bekam sie eine schlimme Herpesinfektion, sodass sie ins Krankenhaus musste. Ihr neuer Freund habe ihr Rosen mitgebracht, sagte sie am Telefon, als ich sie im Klinikum Neukölln anrief, gelbe allerdings, die finde sie nicht so schön. Aber sie habe sich so gefreut, dass er vorbeigekommen sei. Ich weiß noch, dass ich das seltsam fand: Wie konnte sie zulassen, dass der Mann, in den sie verliebt war, sie in einem solchen Zustand sah, mit einem widerlichen Ausschlag, hilflos und unverstellt? Ich hätte nicht gewollt, dass jemand mich so sah. Lieber hätte ich tagelang allein in meinem Krankenhauszimmer im Klinikum Neukölln gelegen.

Und ebendas, die Tatsache, dass ich so dachte, dass ich es unbedingt vermied, wehrlos oder ohnmächtig zu erscheinen, das war das eigentliche Problem.

Als ich das erste Mal *Sex and the City* sah, machten Christian und seine Freundin gerade Urlaub in Brasilien. Ein paar Wochen zuvor waren die Türme des World Trade Centers zusammengestürzt. Ich absolvierte ein Praktikum in einer

Literaturagentur und wohnte am Helmholtzplatz, wo es zu der Zeit schon viele Bars gab, wenn auch nicht so viele und so hässliche wie heute. Morgens zog ich meine blauen spitzen Stiefel an und stieg in die Straßenbahn, die mich in mein winziges Büro in der Nähe des Deutschen Theaters brachte. Bis 18 Uhr las ich unaufgefordert eingesandte Manuskripte, von denen dank meiner Arbeit keines auch nur auf den Schreibtisch des Agenten gelangen würde, um dann die Büropost in einer großen Tasche zum nahe gelegenen Postamt beim Bahnhof Friedrichstraße zu tragen. Mein Leben war ganz anders als das von Carrie Bradshaw, die mehr als zehn Jahre älter war, offenbar mehr Geld und schönere Schuhe hatte als ich und die, nicht zu vergessen, in Manhattan lebte. Trotzdem mochte ich die Sendung. Mir gefiel der Ton der Dialoge, die Art, wie die Frauen miteinander sprachen, selbstbewusst und zugleich ehrlich. Es war ein bisschen so, als hätte meine ältere Schwester, die ich nicht hatte, mir erlaubt, sie und ihre Freundinnen auf eine Party zu begleiten.

In den Zeitungen, die viel über die Serie schrieben, stand, dass mit *Sex and the City* endlich ein neues Frauenbild gefunden sei. Die Sendung gebe die «brauchbarsten und explizitesten Antworten» auf Fragen zur «modernen weiblichen Psyche». Von «progressiven Annahmen» war die Rede, die Serie sei ein «Aufklärungsfilm für Männer». Ich selbst machte mir über Frauenbilder wenig Gedanken; warum auch? Dazu schien kein Grund zu bestehen. Nie waren Frauen auf dem Arbeitsmarkt so erfolgreich wie in den neunziger Jahren. Ich hatte das Gefühl, dass es eigentlich ganz gut lief. Das Kabinett der Bundesregierung hat so viele weibliche Mitglieder wie nie zuvor. Sabine Christiansen begann 1998 ihre eigene Talkshow, die eine der erfolgreichsten der deutschen Fernsehgeschichte werden sollte. Christiane zu Salm wurde Geschäftsführerin von MTV, Jutta Limbach war Präsidentin des Bundesverfassungsgerichts, und Hillary Clinton wurde 2001 Senatorin von New York. Frauen, so schien es, konnten alles schaffen, was Männer schafften, wenn sie es nur wollten. Sie liebten ihre Jobs, wie bisher nur Männer ihre Jobs geliebt hatten. In *Sex and the City*, hieß es, konnte man nun etwas über das Privatleben dieser überaus erfolgreichen Frauen erfahren. Die Emanzipationsbewegung, die in den siebziger Jahren losgezogen war, die gesetzliche und ökonomische Gleichberechtigung der Geschlechter durchzusetzen, war angekommen.

Zumindest schien es so.

In Wirklichkeit änderte sich ja, trotz zahlreicher Aufstiegsgeschichten, trotz der selbstbewussten Dialoge in *Sex and the City*, für die meisten Frauen gar nicht so viel. Doch das bemerkte ich damals nicht. Als ich im Herbst 1998 mein Studium an der Berliner Humboldt-Universität begann, stellte ich mir einen ambitionierten Stundenplan zusammen, obwohl ich ahnte, dass aus mir nie eine fleißige Studentin werden würde. Ich trug in die Tabelle, die auf die letzte Seite des kommentierten Vorlesungsverzeichnisses gedruckt war, die Kurse, Seminare, Tutorien und Vorlesungen ein, die ich besuchen wollte, dazu die Nummer der Räume und die Namen der Lehrenden. Dass keine der Vorlesungen, die ich eintrug, von einer Frau gehalten wurde, bemerkte ich nicht. Als ich im Hörsaal saß, fiel mir nicht auf, dass die Mehrzahl derjenigen, die mit mir Germanistik studierten, weiblich war und die Mehrzahl derjenigen, die mit mir Politikwissenschaft studierten, männlich. Mir fiel auch nicht auf, dass, wenn ich mal wieder eine Vorlesung ausfallen ließ und stattdessen im Supermarkt am Helmholtzplatz Joghurt und Pfirsiche für mein Frühstück kaufte, alle anderen Kunden weiblich waren und einen Kinderwagen dabeihatten.

Auch *Sex and the City* würde ein paar Jahre später ein klassisches Ende finden. Wie viele Frauen in Büchern und Filmen vor ihnen begegneten die vier ihrer echten Liebe. Das Single-Leben, anfänglich gepriesen, ließen sie hinter sich, mit einem Gefühl, das wohl mit dem von Abiturienten vergleichbar ist: ein wenig wehmütig zwar, aber froh, endlich erwachsen zu werden. «Ich bin jemand, der nach Liebe sucht», tippt Carrie in der letzten Folge in ihren Mac. «Nach richtiger Liebe. Nach lächerlicher, unbequemer, anstrengender Nicht-ohne-einander-leben-können-Liebe.»

An dem phänomenalen beruflichen Erfolg einzelner Frauen nahmen sich offenbar die wenigsten ein reales Beispiel. Die wenigsten konnten den märchenhaften Aufstieg eines Mädchens zur Parteivorsitzenden, einer Ehefrau zur hochrangigen Politikerin, einer Stewardess zur Fernsehtalkerin mit ihrem eigenen Leben in Verbindung bringen. Nur knapp mehr als die Hälfte der Frauen ging Ende der neunziger Jahre überhaupt einer Arbeit nach. Sie folgten genau dem Weg, dem Frauen schon immer gefolgt waren – im Zentrum ihrer Aufmerksamkeit standen nicht sie selbst. Dort standen noch immer andere: ein Mann, Kinder, eine Familie.

Doch über die Ähnlichkeit von Lebenswegen sprach man nicht. Das Fazit der Erfolgsgeschichten lautete, dass

Frauen alle Möglichkeiten hätten. Jeder, hieß es, hat genau die Biographie, die er sich ausgesucht hat. Die Debatte darüber, was Frauen erreicht hatten und, vor allem, was sie nicht erreicht hatten, war einigen unverbesserlichen, allseits belächelten feministischen Gruppen oder postmodern ausgebildeten Akademikerinnen überlassen, deren Texte in der Öffentlichkeit kaum wahrgenommen wurden.

Im Wintersemester 2001 besuchte ich am Institut für deutsche Literatur das Tutorium *Einführung in die feministische Literaturwissenschaft.* Ich hatte noch nie einen einzigen Text zu diesem Thema gelesen und nahm an dem Kurs auch nur teil, weil er in meinen Stundenplan passte. Ich ging nur ein paarmal hin, das Thema *Feminismus* interessierte mich nicht besonders. Ich dachte, dass die Generation meiner Mutter das für mich abgehandelt habe. Ich brachte die persönlichen Fragen, die mich beschäftigten, gar nicht mit dem Umstand in Verbindung, dass ich *eine Frau* war. Was sollte denn zum Beispiel die Sache mit Christian auch mit dem Tutorium zu tun haben? Was sollte mich mit der Studentin verbinden, die die Veranstaltung abhielt? Sie hieß Bente, hatte kurze rote Haare, trug Schmuck aus Holz und – das fand ich zum Totlachen – eine lila Latzhose. Ich verspürte eine gewisse Abneigung gegenüber Frauen, die sich darauf beriefen, Frauen zu sein. Offenbar schafften sie es nicht allein und bezogen sich deshalb immer auf ihre soziale Gruppe. Mein Lebensgefühl, schon weil ich jung war, ein sehr zuversichtliches, passte nicht zu der Vorstellung, Mitglied einer ausgegrenzten Minderheit zu sein. Auch wenn Bente von der «patriarchalen Gesellschaft» sprach und vom «Befreiungsprozess aus der Unterwürfigkeit des femininen Geschlechts» – ich selbst würde schon zurechtkommen. Andere gelangten ja schließlich auch nach oben, dachte ich, und hatte man Sabine Christiansen oder Hillary Clinton jemals jammern hören?

Diejenigen, die es geschafft hatten, sprachen nicht darüber, dass sie Frauen waren. Ebendeshalb aber konnten sie für viele keine Vorbilder sein: Ihr Aufstieg vollzog sich so wundersam, dass es unmöglich schien, einen solchen Weg zu planen. Die Bedingungen, die für eine Frau gelten – beispielsweise die, dass sie nur in einem bestimmten Zeitraum Kinder bekommen kann –, thematisierten sie gar nicht.

Die erfolgreichen Frauen, so kommt es mir heute vor, sahen ihren Werdegang zwar als Ergebnis der Emanzipationsbewegung, sich selbst jedoch nicht als Teilnehmerinnen jener Bewegung. Sie schienen keine spezifisch weiblichen Anliegen zu haben, und falls doch, verschwiegen sie sie, wie der Sohn einer Putzfrau, der es geschafft hat, das Thema Herkunft vermeiden wird. Beruflicher Ehrgeiz, ein gewisser Kampfgeist waren Eigenschaften, über die ein Mann der gängigen Rollenzuschreibung zufolge bereits verfügte und die unbefragt übernommen wurden. Mit eisernem Willen zur Anpassung eigneten Frauen sich diese Qualitäten auf ihrem Weg nach oben an. Was als weiblich galt – Nachsichtigkeit, Verletzlichkeit, Sensibilität –, musste abgelegt werden. Der Erfolg der Frauen in den neunziger Jahren ist deshalb in der Regel nichts als die gelungene Anpassung an bestehende Maßstäbe, Maßstäbe, die von Männern entworfen worden waren. Ganz wie die Protagonistinnen in *Sex and the City* das Verhalten von Männern nachahmten und dabei das Männliche als geeigneten Modus begriffen, der Welt zu begegnen. *Sex wie ein Mann* hieß der Pilotfilm. «Du ziehst los und hast Sex wie ein Mann», sagt Samantha zu ihren Freundinnen. «Ich meine, ohne Gefühle.»

Christian und ich sahen uns seltener. Wir gingen uns auf die Nerven, redeten aber nicht darüber, da ich darum bemüht war, mich weiterhin so zu geben, als wäre das Ganze nicht von Belang, und weil Christian keine Anstalten machte, das Gespräch mit mir zu suchen. Zu dieser Zeit erschien der Debütroman einer Autorin, Rebecca Casati, damals Anfang dreißig, die aus der Perspektive eines Mannes erzählt, wie er eine Frau nach der anderen flachlegt. Über das Buch wurde viel gesprochen. Seinerzeit vermochte offenbar ein alltäglicher Tonfall in einem gebundenen Buch noch Aufsehen zu erregen. Niemand aber fragte, was es wohl zu bedeuten hatte, dass eine Frau aus der Perspektive eines Mannes schreibt. Heute scheint es mir offensichtlich, dass dieser Kunstgriff zeigt, wie besessen Frauen von der Idee waren, männliches Verhalten zu imitieren. Es erscheint mir offensichtlich, welche Faszination für Frauen von der Vorstellung ausging, endlich «ihre Gefühle» ablegen zu können. Das war das Versprechen absoluter Freiheit und die Vollendung der Emanzipation.

Mir fallen lange vergessene Filme wieder ein. *Die Akte Jane*. Demi Moore rasiert sich den Schädel und steht als einzige Frau in einer Eliteeinheit der amerikanischen Armee ihren Mann. *Basic Instinct*. Sharon Stone ermordet Männer mit einem Eispickel und findet daran offenbar so etwas wie Freude. In *Sex and the City* staksen Frauen auf hohen Schuhen, die kleine Handtasche unter den Arm geklemmt, von einem Date zum nächsten. Eines aber haben sie alle gemeinsam: Sie beißen die Zähne zusammen, wenn es wehtut, sie sind hart und schmerzfrei, und sie wissen, was sie wollen. Sie verhalten sich, wie Männer es von sich erwarten – in der unveränderten Hoffnung, von ihnen anerkannt oder geliebt zu werden.

«Männer haben oft Angst vor Frauen mit Erfolg. Wer sich so einen angeln will, sollte brav den Mund halten und die Spielregeln befolgen», sagt Charlotte in *Sex and the City*.

«Ich habe mich irgendwann entschieden», wird Christiane zu Salm zitiert. «Wenn ich Karriere machen will, dann muss ich mich an die Spielregeln der Männer halten.»

«Das Muster von Hillary Clintons Leben», schreibt ihr Biograph Carl Bernstein, «ist das eines Lebens im Kampf.»

Am Tag, an dem mir klar wurde, dass die Geschichte mit Christian und mir vorbei war, tranken wir nach dem Aufstehen gemeinsam einen Kaffee. Mittags war ich mit Daniela verabredet. Sie war die Art von Freundin, die man häufig zum Mittagessen trifft, weil der Gesprächsstoff nicht für einen ganzen Abend reichen will. Wir studierten zusammen und gingen manchmal gemeinsam ins Stadtbad Mitte; hatte ich eine Vorlesung verpasst, konnte ich mich auf ihre Mitschriften verlassen. In dem Restaurant auf der Alten Schönhauser Straße, wo wir uns an jenem Tag trafen, erzählte sie mir, dass sie vor einiger Zeit eine Affäre mit Christian begonnen hatte.

Sie wusste nicht, wem sie das sagte. Sie meinte, sie sei so froh, dass ich ihn ihr vorgestellt hatte, damals, als ich sie einmal mit ins *Cookies* nahm. Sie fragte, was ich von der Angelegenheit hielte, da ich ihn doch besser kenne als sie, und ob ich meinte, dass er seine Freundin wirklich verlassen werde, wie er ihr versichert habe. Sie erzählte mir Details, die ich nicht kennen wollte: dass sie es gerne mochte, neben ihm einzuschlafen, in seinen Armen, ihren Kopf an seiner Brust. Ich erinnerte mich, dass Christian mir einmal erklärt hatte, er habe diesen Muskel, den *pectoralis major*, sorgfältig trainiert, weil Frauen sich beim Einschlafen gern daran schmiegten. Ich fragte mich, warum er sich mit diesem Mädchen einließ, deren Haar doch stumpf und schlecht geschnitten war und die sich immer etwas absonderlich anzog. Aber da merkte ich schon, dass ich nicht mehr fühlte, was ich dachte. Ich empfand etwas, das nicht zu meinen Gedanken passte, ein klares, unbeeinträchtigtes Gefühl, das ich lange nicht empfunden hatte: Ich hatte etwas verloren, das ich nicht hatte verlieren wollen.

Ich stellte mir die beiden vor, wie sie abends langsam durch die Straßen gingen; wie er am Morgen in ihrer halbdunklen Wohnung seine Sachen zusammensuchte, während sie noch schlief; wie er aus dem Haus trat, die Morgenluft einsog, die Hände in die Taschen seines Burberry steckte und zufrieden ausatmete, zufrieden, weil er es geschafft hatte, wieder als Gewinner aus einer Geschichte hervorzugehen, nämlich aus unserer. Ich weiß nicht, ob er weiß, dass ich von seiner Affäre mit Daniela erfuhr. Ich denke, er rechnete damit. Vielleicht wollte er mich aus der Reserve locken, vielleicht war er sogar enttäuscht von mir, als ich ihn nicht mehr anrief und mich so schnell mit meiner Niederlage abfand.

Ein Set bestimmter Eigenschaften, so lautete die Verheißung der neunziger Jahre, würde direkt zum Glück führen: Tatendrang, ungetrübtes Selbstvertrauen, Optimismus. Das Geld lag auf der Straße, las man in den Zeitungen und erzählte man sich auf den Partys und bei den Abendessen. Wer sich anstrengte, würde bald das Leben führen, von dem er geträumt hatte. Frauen, die begabt und ehrgeizig waren, übernahmen diese Agenda und die entsprechenden, gemeinhin als männlich geltenden Schlüsselqualifikationen. Ihr Erfolg war immer ein Einzelfall, das Ergebnis gelungener Anpassung, nicht das veränderter gesellschaftlicher Bedingungen. Dennoch prägten diese Karrieren das Frauenbild um die Jahrtausendwende, während für die meisten Frauen die alten Regeln galten. Ihnen blieb nichts, als sich das Märchen vom weiblichen Erfolg im Fernsehen und im Kino anzusehen. Sie lebten, wie Frauen zuvor auch schon gelebt hatten, sie räumten das Kinderzimmer auf, sie schmierten Pausenbrote, sie suchten die Gardinen aus. Oder sie warteten auf den Anruf des Mannes, mit dem sie sich gerade trafen. Immer dienstags sahen sie sich auf Pro Sieben an, wie es wäre, Sex wie ein Mann zu haben. Auf ihr Auto klebten sie sich den Werbesticker eines Kleinwagenherstellers: «Ich bremse auch für Männer.»

Heute denken nur wenige noch, das Geld liege auf der Straße. Die Tugenden von damals scheinen an Wert verloren zu haben. Jedenfalls ahnen viele, dass zum Erfolg mehr gehört als Begabung und harte Arbeit und dass derjenige, dem der Erfolg versagt bleibt, nicht ganz allein daran schuld ist. Vielleicht können wir deshalb heute über die gesellschaftlichen Bedingungen sprechen, die Frauen vorfinden:

weil wir wieder darüber sprechen, dass es gesellschaftliche Bedingungen überhaupt gibt und dass sie nicht weniger wirksam sind, nur weil einige in der Lage sind, sich über sie hinwegzusetzen.

Seit ein paar Wochen zeigt HBO, der Sender, auf dem damals *Sex and the City* lief, eine neue Serie. Sie heißt *Tell me you love me*, und darin geht es um Paare, die viel miteinander reden, weil sie Probleme haben, die man nach einer Weile des Zusammenseins eben hat. Die Eltern eines kleinen Mädchens zum Beispiel lieben sich sehr, aber haben seit über einem Jahr keinen Sex mehr gehabt und wissen, dass das irgendwie falsch ist. Die Paare in *Tell me you love me* gehen zu einer Paartherapeutin, weil sie die wahren Motive ihrer Handlungen kennen möchten, weil sie aufrichtig und offen sein wollen. Das Besondere an der Sendung, habe ich neulich in einer Kritik gelesen, ist der Umstand, dass die Kamera draufhält, wenn in anderen Serien schon längst ein Schnitt gekommen wäre.

Ich habe *Tell me you love me* noch nicht gesehen, aber ich werde mir die erste Staffel am Ende der Saison auf DVD bestellen. Weil ich mir die meisten HBO-Serien ansehe und weil ich gerne wüsste, wie das aussieht, wenn die Kamera anbleibt.

Ehepaare.
Über eine westdeutsche Herkunft

Die Morgensonne fällt auf den Apfelbaum, dessen wenige Äpfel meine Mutter gestern gepflückt hat. Vom Küchentisch aus sehe ich durch das große Fenster in den Garten. Das Gras ist noch grün. Es ist Anfang Oktober. Meine Mutter wird heute zweiundsechzig Jahre alt.

Ich höre, wie sie im Zimmer nebenan am Telefon lacht. Nachher werden ein paar Freunde kommen, die sie zu einem späten Frühstück eingeladen hat, und wir werden um den Tisch in der Küche sitzen, auf dem bereits eine weiße Tischdecke liegt. Eine Kerze brennt; es riecht nach den Brioches und Croissants, die ich vorhin vom Bäcker geholt habe. Meine Mutter mag es, wenn alle in der Küche essen. Sie weiß, dass das unüblich ist, dass man Gäste eigentlich im Esszimmer empfängt. Sie hat aber kein Esszimmer, weil in dem größten Raum der Wohnung ihr riesiger Schreibtisch steht, auf dem sich Papier und Bücher stapeln. Es gibt noch einen Wintergarten mit zwei Sesseln, wo meine Mutter Tee trinkt, wenn eine Freundin zu Besuch ist. Wenn aber Gäste zum Essen kommen, sitzen sie mit meiner Mutter in der Küche. Man hat von hier aus einen schönen Blick in den Garten, so wie ich jetzt, auf das Haus gegenüber und die Berge dahinter, die das Tal, in dem Heidelberg liegt, umgrenzen. Aber jedes Mal, kurz bevor die Gäste eintreffen, sagt meine Mutter, mehr zu sich selbst als zu ihrem Gegenüber, ganz so, als wäre sie plötzlich unsicher, ob ihre ungewöhnliche Entscheidung richtig war: «Es ist doch aber wirklich schöner hier in der Küche, oder?»

Meine Mutter hat in ihrem Leben schon ungewöhnlichere Entscheidungen getroffen, darunter die, ihren Mann zu verlassen und ihre drei Kinder, mich und meine Brüder, allein großzuziehen. An einem Tag im Juni 1989 trug mein Vater gemeinsam mit zwei Kollegen von der Uni seinen Schreibtisch aus dunklem Holz und unzählige Bücherkisten in einen grünen VW-Bus. Ich war an diesem Nachmittag bei meiner Freundin Steffi von gegenüber; wir beugten uns aus dem Fenster und lachten und winkten meinem Vater zu. Als meine Mutter mich am Abend zu Bett brachte, fragte ich sie, wo mein Vater sei, weil ich nicht verstand, was es bedeutete, dass er seine Möbel aus dem Haus getragen hatte, und dass ich jetzt eines der 139746 Scheidungskinder sein würde, die das Statistische Bundesamt in jenem Jahr zählte. Seit diesem Tag, als meine Mutter mir nicht zu erklären vermochte, warum mein Vater nicht mehr bei uns wohnte, versuche ich zu verstehen, was zwischen meinen Eltern passiert ist.

Dazu existieren fünf Versionen. Mein Vater sagt, er habe sein Glück gesucht und gefunden und dass er das Recht habe, sein Glück zu suchen und zu finden. Er sagt auch, meine Mutter und er hätten einfach nicht zusammengepasst. Mein älterer Bruder findet, es sei Zeit, dass mein Vater Verantwortung übernimmt, und brach ein paar Monate vor seinem dreißigsten Geburtstag den Kontakt zu ihm ab. Meine Mutter hat kürzlich alte Briefe meines Vater wiedergefunden; einen las sie mir am Telefon vor und sagte, dein

Vater konnte gute Briefe schreiben. Seit sie keinen Anwalt mehr braucht, um mit ihm zu kommunizieren, spricht sie in einem sanfteren Tonfall über ihn. Mein jüngerer Bruder besucht meinen Vater häufig in seinem Landhaus in Burgund. Dann fällen sie Bäume oder beobachten Vögel durch das Fernglas. Mein jüngerer Bruder sagt, er habe viel von meinem Vater, und sie sind tatsächlich von derselben kräftigen Statur und wenden beim Gehen die Füße nach außen, wie Fußballer.

Meine Version ist widersprüchlich. Mal denke ich darüber wie das Kind, das ich damals war, bei dem sich alles unweigerlich um die eigene kleine Person drehte, trotzig, enttäuscht, immer überfordert, unfähig, die Wirkung äußerer Umstände zu begreifen. In solchen Augenblicken ist meine Sehnsucht nach eindeutigen Wahrheiten groß, so wie meine Sehnsucht nach Kontinuität und Normalität wuchs, nachdem mein Vater ausgezogen war. Nachmittags schrieb ich in leere Schulhefte Aufsätze, in denen ich eine Art Alter Ego erfand, das meistens Lena oder Hanna hieß, da ich meinen viersilbigen Vornamen nicht mochte: Ich fand ihn sonderbar. Lena oder Hanna lebten mit ihren Eltern (und den Pferden) in einem Haus auf dem Land. Nachmittags aßen sie den gedeckten Apfelkuchen, den Mami gebacken hatte, und abends kam Papi von der Arbeit nach Hause. Ich hätte als Kind familienpolitischer Sprecher der CSU sein können.

Erst seit es für mich vorstellbar wird, selbst Mutter zu sein, denke ich wie *eine Frau* über die Scheidung meiner Eltern. Das Geschehene ist dann nicht mehr mein persönliches Drama, sondern das Fallbeispiel einer westdeutschen Ehe in den achtziger Jahren, die unter bestimmten Bedingungen zustande kam und auch zu Ende ging. Ich denke dann, dass der Streit zwischen meinen Eltern zu dem großen Streit zwischen Mann und Frau gehört hat, den die Gesellschaft seit den siebziger Jahren austrug: darüber, wie eine Familie sich organisiert, darüber, was eine Mutter darf und was nicht. Unwillkürlich, und vielleicht ungerechterweise, versetze ich mich in die Lage meiner Mutter. Ich überlege, was ich in den jeweiligen Situationen getan hätte, und frage mich, wie die gesellschaftlichen Umstände für eine Frau wohl damals aussahen, für eine Mutter und Ehefrau. Meistens komme ich zu dem Schluss, dass ich ähnlich gehandelt hätte. *Ich* hätte mich, sage ich mir, und der Gedanke kommt mir seltsam vor, auch von meinem Vater scheiden lassen.

So sind meine Erinnerungen eigentümlich zwiegespalten. Ich blicke wie ein Kind auf die Ereignisse, untröstlich, unbelehrbar, und zugleich mit der Vernunft einer Erwachsenen, die begreift und ihre Schlüsse zieht. Und dieser Widerspruch in meinem persönlichen Empfinden scheint mir wie ein Spiegelbild jenes Widerspruchs zu sein, der seit den siebziger Jahren im Familienbild unserer liberalen Gesellschaft besteht: zwischen unserem Wunsch nach Geborgenheit auf der einen und unserem modernen Bewusstsein auf der anderen Seite. Wir wollen eine Familie gründen, wir sehnen uns danach. Doch wir wissen nicht, wie sich die Idee der Familie mit unserem Bedürfnis nach individueller Lebensplanung vereinbaren lässt. Genauer: Wir fragen uns, wie sich die Idee der Familie mit dem Bedürfnis nach individueller Lebensplanung vereinbaren lässt, seit auch Frauen sich als Individuen begreifen. Persönliches Fortkommen und Vaterschaft haben sich nie ausgeschlossen, und noch heute wird die sogenannte Doppelbelastung durch Berufstätigkeit und Kindererziehung als spezifisch weibliche Angelegenheit betrachtet. Es sind die Frauen, die die Fragen der Moderne in die Familien hineingetragen haben, in einen Bereich also, der von den gesellschaftlichen Entwicklungen gleichsam abgeschirmt war. Es sind die Frauen, die aufgehört haben, die Familie als letztes Refugium vor den Komplexitäten der Gegenwart zu verstehen.

Besuche ich meine Mutter in Heidelberg, macht sie mir am Abend meiner Ankunft immer eine Hühnerbrühe. Sie schneidet Shiitakepilze hinein oder kleine Tomaten und Zuckerschoten. Früher schwammen Kartoffeln, Schnittlauch und Möhren in dieser Brühe, meine Mutter setzte sie jeden Samstagmorgen auf, und wenn ich am späten Vormittag von der Schule kam, war die Suppe fertig. Wäre das Wort nicht so verstaubt, könnte man meine Mutter als häuslich bezeichnen. Sie lädt gern Leute ein, sie kocht Hühnerbrühe, sie besitzt Tischtücher aus Damast und Leinen und Blumenvasen in verschiedenen Größen. Sie kann Doraden und Lammfilets garen, wenn sie eine Zwiebel schneidet, sind ihre Bewegungen präzise und geschmeidig, der Metzger, bei dem sie einkauft, kennt ihren Namen. Wenn ich Flecken aus einem Pullover waschen oder eine Balkonpflanze umtopfen will, rufe ich sie an. Sie verfügt über dieses Wissen, weil sie in jener mir nur schwer vorstellbaren Zeit aufgewachsen ist, in der eine Frau sich an ihren Fähigkeiten im Haushalt messen ließ. Ihre Mutter, eine resolute Schwäbin aus

Esslingen, brachte ihr früh bei, dass eine Frau den Mittelpunkt des häuslichen Geschehens bilden muss. Als meine Mutter mit neunzehn Jahren von zu Hause auszog, um in Heidelberg an der Pädagogischen Hochschule zu studieren, war gerade die neunundzwanzigste Auflage von Lilo Auredens Ratgeber *Schön sein – schön bleiben* erschienen, in dem steht, dass es «für eine Frau eine absolute Selbstverständlichkeit» sein muss, «auch dann einen Tisch liebevoll zu decken, wenn keine Gäste erwartet werden». Bereits dreiunddreißig Jahre alt war sie, als die Pflicht der Ehefrau zur Haushaltsführung aus dem Bürgerlichen Gesetzbuch gestrichen wurde, sowie das Recht des Ehemanns, die Arbeitsverträge seiner Gattin ohne ihr Einverständnis zu kündigen, falls sie ihre «Pflichten in Ehe und Familie» vernachlässigen sollte.

Das war 1977. Zwei Monate zuvor hatten meine Eltern im historischen Trauzimmer des Heidelberger Rathauses geheiratet. Meiner Mutter muss die Ehe zu diesem Zeitpunkt noch wie ein stabiles Arrangement vorgekommen sein: die ihrer Eltern hatte den Zweiten Weltkrieg überstanden. Mein Großvater war sechs Jahre Offizier der Wehrmacht gewesen und nun Direktor einer großen Essigfabrik. Jeden Mittag ging er die Stufen hinauf zu der Wohnung direkt über dem Werk, setzte sich zu seiner Frau und seinen Töchtern an den gedeckten Tisch, hielt nach dem Essen eine Viertelstunde Mittagsschlaf und ging anschließend wieder hinunter in sein Büro. Meine Großmutter verbrachte den Vormittag in der Küche, um den Sauerbraten und die Semmelknödel zuzubereiten, die keiner so gut machte wie sie.

Die Chronik des Hochzeitsjahres meiner Eltern, die das

feministische Archiv und Dokumentationszentrum in Köln auf seiner Website zusammenstellt, vermerkt unter anderem einen Sprengstoffanschlag der *Roten Zora* auf das Gebäude der Bundesärztekammer, die sich gegen die Legalisierung von Abtreibungen ausgesprochen hatte, einen *Nationalen Frauenkongress der autonomen Frauenbewegung* in München und die Gründung der *Emma*, der *Zeitschrift von Frauen für Frauen*. Wenn ich meine Mutter nach diesen Ereignissen frage, sagt sie, dass sie erst später erkannt hat, inwiefern jenes Geschehen für ihr Leben von Bedeutung war. Damals, sagt sie, schienen andere Themen wichtiger, man sprach über Buback und Ponto, die Landshut und Wallraff. Das Kölner Archiv enthält auch einen *Spiegel*-Artikel aus dem Frühjahr 1977, in dem die feministischen Aktionen als «publizistisches Lieblingsthema» von «politischer Wirkungslosigkeit» bezeichnet werden. Ähnlich vielen großen sozialen Entwicklungen der Moderne war die Frauenbewegung in den ersten Jahren eine Bewegung der Avantgarde: Sie fand ausschließlich in Großstädten statt und brachte wirkliche Veränderungen nur für diejenigen mit sich, die bereit waren, ein Leben weitab der Norm zu führen. Dass ihre Ideen einmal in der Mitte der Gesellschaft ankommen würden, war noch nicht abzusehen. Und dass die Hamburger *Militanten Panther-Tanten* mit dem Leben meiner Mutter etwas zu tun hatten, einer jungen Grundschullehrerin in Heidelberg-Gaiberg, seit kurzem die Ehefrau eines charmanten, gebildeten Mannes mit lebhaften blauen Augen, ist erst heute offensichtlich, da uns selbstverständlich erscheint, was damals noch Parole war: dass nämlich das Private politisch ist.

Meine Mutter sagt auch, dass vermutlich ihr Wunsch, Kinder zu bekommen, sie für die Teilnahme an einer Bewegung disqualifizierte, die sich in der Debatte um das Abtreibungsverbot formiert hatte. Wie hätte sie sich zugehörig fühlen können, da sie doch, während Frauengruppen «Abtreibungsfahrten» nach Holland organisierten, über einen Namen für ihren ersten Sohn nachdachte, der im Oktober 1977 geboren wurde?

Meine Mutter hat schließlich doch noch an der Frauenbewegung teilgenommen. Allerdings ohne je eine Frauengruppe oder einen Frauenkongress besucht zu haben. Sie bekam drei Kinder, und dass sie sich gesellschaftliche Veränderungen wünschte, ergab sich aus ebendiesem Umstand: aus der Einsicht, dass sie nicht vierundzwanzig Stunden am Tag Mutter sein wollte, damit mein Vater sich aussuchen konnte, wann und wie viele Stunden am Tag er Vater war. Diese Erkenntnis kam ihr in der zweiten Hälfte der achtziger Jahre und bedeutete, dass die Frauenbewegung das Bürgertum erreicht hatte.

Im Nachhinein betrachtet hatte es allerdings schon vorher Anzeichen dafür gegeben, dass die Bestimmung meiner Mutter nicht unbedingt im Dasein einer allseits glücklichen Ehefrau lag. Als sie meinen Vater traf, war sie Anfang dreißig und bereits einmal geschieden. Ihre erste Ehe mit einem Studenten der Politikwissenschaft hatte nur zwei Jahre gehalten; weil sie keine gemeinsamen Kinder hatten, war die Enttäuschung nach der Scheidung vielleicht nicht so groß, und meine Mutter und ihr erster Mann konnten die Angelegenheit als jugendlichen Fehltritt begreifen. Grundsätzlich stellte meine Mutter die Institution der Ehe damals nicht in

Frage. Oder war es einfach so, dass eine Frau den Mann heiratete, dessen Kind sie erwartete? Ihre zweite Hochzeit jedenfalls fand fünf Jahre nach ihrer ersten statt. Möglicherweise mit leisen Zweifeln: Das Kleid, das sie am Tag ihrer zweiten Hochzeit trug, war nicht weiß, sondern rot.

Einmal rief der erste Mann meiner Mutter bei uns zu Hause an. Sieben Jahre alt, hatte ich eben gelernt, das Telefon abzunehmen, und reichte meiner Mutter den Hörer. Ich meine, mich genau zu erinnern. Wir aßen an diesem Tag Forellen, ich trug ein T-Shirt mit grünen und rosa Streifen und sah meiner Mutter zu, wie sie die Fische ausnahm. Nachdem sie aufgelegt hatte, erklärte sie mir, dass sie mit dem Herrn am Telefon einmal verheiratet gewesen war. Vielleicht bekam ich in diesem Moment bereits ein Gefühl dafür, was es heißt, die eigenen Eltern nicht als unveränderliche Einheit zu sehen, sondern als eigenständige Menschen, als Mann, als Frau. Aber wahrscheinlich täuscht mich meine Erinnerung.

Als ich vier Jahre alt war, bauten wir ein Haus in der Heidelberger Altstadt. Ein befreundeter Architekt entwarf zusammen mit meinem Vater die Pläne. Im Garten wuchsen Zitronenmelisse und Schilf, und in der unteren Etage bildeten Küche, Ess- und Wohnzimmer einen großen, hellen Raum. Saß man am Kopfende des Tischs, konnte man den Turm der Heiliggeistkirche am Marktplatz sehen. Meine Erinnerungen an die Zeit, in der wir als Familie zusammenlebten, sind nur Bruchstücke, Augenblicke, zufällige Momentaufnahmen. Das Geräusch, das entstand, wenn das Gartentor aufging, der raue Terrakottaboden in der Küche unter meinen nackten Füßen. Ich weiß noch, meine Brüder und ich haben immer zu dritt gebadet, und mein Vater hat neben der Badewanne auf dem Klodeckel gesessen und Zeitung gelesen. Wir hatten Badeschaum in Plastikbehältern, die wie Tiere aussahen: ein Walross, ein Schwan, ein Frosch, ein Delphin. Ich erinnere mich, wie sich das dichte, etwas speckige Fell unseres Hundes anfühlte, einer großen schwarzen Hündin, die nicht lange nachdem meine Eltern sich getrennt hatten, starb. Manchmal durfte ich abends bei meinem Vater im Arbeitszimmer bleiben; ich lag auf dem Sofa unter einer Wolldecke, ganz still, um ihn nicht zu stören. Meine Mutter kochte Vollkornspaghetti, die nach Blumenerde schmeckten. Für das letzte Silvesterfest, das wir zusammen feierten, habe ich eine Girlande gebastelt. Meine Eltern gaben eine Party, und ich habe aus dünner rosa Pappe eine große Jahreszahl ausgeschnitten: 1989.

Diese Momente scheinen mir heute glücklich, weil sie zur Kindheit gehören. Ich ahnte nichts von dem, was geschehen würde. Alles passte zusammen in diesen ersten zehn Jahren meines Lebens; was ich brauchte, war an einem Ort. Denke ich an diese Zeit, weigere ich mich einzusehen, dass auch das, was später passiert ist, zu meinem Leben zählt und dass die Scheidung ein notwendiger und wahrscheinlich richtiger Schritt war.

Meine Eltern führten zahlreiche Prozesse gegeneinander. Vor ein paar Jahren habe ich einmal durch Zufall in den Gerichtsprotokollen gelesen. Mein Vater warf darin meiner Mutter vor, sie habe zu viel Geld ausgegeben, meine Mutter meinem Vater, dass er sie jahrelang betrogen habe. Eines

Vormittags, kurz nachdem mein Vater ausgezogen war, kam er, während meine Mutter bei der Arbeit war, noch einmal zurück und nahm die weiße Glaslampe mit, die neben ihrem Sessel gestanden hatte. Den Sessel nahm er auch mit. Unsere Haushälterin sagte später, sie habe nichts tun können, er sei einfach reingekommen, er hatte ja noch seinen Schlüssel.

Eine Zeit lang haben meine Eltern noch miteinander telefoniert. Meine Brüder und ich hörten meine Mutter nebenan ins Telefon schreien. Falls wir gerade beim Abendessen saßen, sahen wir auf unsere Teller und sagten kein Wort. Nie sprachen meine Brüder und ich über das, was geschah. Bisher hatte unser Leben sich von selbst erklärt; jetzt, da wir nicht mehr verstanden, was um uns passierte, wussten wir nicht, dass man über solche Dinge sprechen muss, um sie sich zu erklären.

Ich sah, dass meine Mutter sich veränderte. Wir verkauften das Haus und zogen in eine kleinere Wohnung, ein paar Straßen weiter. Direkt hinter dem Mietshaus führte der Burgweg zum Heidelberger Schloss hinauf. Meine Mutter arbeitete viel. Nachmittags war unsere Haushälterin bei uns; sie achtete darauf, dass ich täglich eine halbe Stunde Querflöte übte, und machte uns jeden Donnerstag Apfelpfannkuchen mit Zimt. An den Wochenenden besuchte meine Mutter oft Fortbildungen. Dann war unsere Großmutter da, und wir freuten uns, weil sie uns erlaubte fernzusehen. Meine Mutter begann, als Autorin für einen Schulbuchverlag zu arbeiten. Sie rauchte wieder und lackierte sich die Fingernägel rot. Ich kann mich erinnern, dass sie manchmal abends nach Hause kam und plötzlich weinte, nur weil ich oder meine Brüder vergessen hatten, Brot fürs Abendessen zu kaufen. Oft schimpfte sie auf meinen Vater, nannte ihn einen Idioten und seine neue Freundin, die bald denselben Nachnamen haben sollte wie wir, ein dummes Ding, das im Leben nichts gelernt habe, als den Männern, diesen Idioten, schöne Augen zu machen. Sie entschuldigte sich schnell und drückte mich fest an sich. Sie roch nach Parfüm und ein bisschen nach Petersilie.

Heute ist mein Vater mit seiner neuen Frau länger verheiratet, als er es je mit meiner Mutter war. Wenn ich ihn besuche, nehme ich ein Flugzeug nach Paris und steige dort in den TGV nach Montceau-les-Mines, einer kleinen Stadt in Burgund. Mein Vater holt mich vom Bahnhof ab, und wir fahren in seinem Renault-Kastenwagen, der nach seinen zwei großen Hunden riecht, vierzig Minuten über kurvige Straßen zu dem alten Winzerhof, in dem sie seit ein paar Jahren wohnen. Die Reise ist umständlich, doch das ist nicht der Grund, warum ich nur ein-, höchstens zweimal im Jahr dort bin. An sich ist das Haus schön, mein Vater hat die Fassade aus hellem Stein wiederherrichten lassen, auf dem See daneben picken Reiher im Schilf. Er hat Obstbäume gepflanzt, im Garten wachsen Tomaten und Zucchini. Unter hundert Jahre alten Platanen sitzend, sieht man auf weite, satte Landschaft, die sanften Hügel des Burgund. Aber immer wenn es darum geht, wieder einen Besuch dort zu planen, kommt mir der Gedanke, der Zeitpunkt sei ungünstig, weil ich kein Geld für die Reise habe oder zu viel zu tun. Letzten Endes muss ich mir eingestehen, dass mein Vater und ich zwar kein kompliziertes, doch auch kein vertrautes Verhältnis haben. Nur wenige gemeinsame Unternehmungen oder Gespräche verbinden uns, wenig gemeinsam verbrachte Zeit. Unser Umgang gleicht dem entfernter Verwandter: freundlich und wohlmeinend sind wir durchaus interessiert zu wissen, wie es dem anderen geht, und geloben nach jedem Gespräch, fortan regelmäßiger Kontakt zu halten, um es dann doch nie zu tun. Er braucht mich nicht, ich brauche ihn nicht.

Nur manchmal, zum Beispiel wenn mir eine Ähnlichkeit zwischen uns auffällt – ein Zug um die Augen, eine Handbewegung –, stelle ich fest, dass ich nicht ganz vergessen habe, wie es war, als mir seine Anwesenheit gefehlt hat.

Zum Zeitpunkt der Trennung war mein Vater 48 Jahre alt und fing noch einmal von vorne an. Er zog nach Paris, wo man ihm die Stelle als Leiter eines deutschen Kulturinstituts anbot; seine Freundin kam mit ihm, bald darauf heirateten sie. Mit Brautstrauß und goldenen Ringen. Über meine Mutter sprach mein Vater nicht mehr. Es war fast so, als hätte sie nicht existiert. Wenn ich ihn nach ihr fragte, antwortete er ungeduldig, als hätte ich ihn an eine ärgerliche Angelegenheit erinnert, die er schon vergessen hatte.

Mein Vater und seine Frau richteten sich eine Wohnung im 14. Arrondissement ein, und meine Mutter verschwand aus seinem Leben. Die Wohnung blieb mir fremd, und manchmal wunderte ich mich, dass mein Vater sich an einem Ort zu Hause fühlen konnte, der nicht mein Zuhause war. Blickte ich mich um, wusste ich auf Anhieb, welcher Gegenstand von meinem Vater und welcher von seiner Frau mitgebracht worden war. Die bunten Aquarelle im goldenen Rahmen, die mit taubenblauem Samt bezogenen Stühle, die Perserteppiche waren von seiner Frau, von ihm waren das weiße, aus verschiedenen Modulen bestehende Sofa und die grünen *Michelin*-Reiseführer im Bücherregal. Ich sah die Lampe meiner Mutter, ich sah ihren Sessel, auf dem, die Beine angewinkelt, ein Glas Weißwein in der Hand, die Frau meines Vaters saß. In meinen Augen passten die Sachen überhaupt nicht zueinander, und ich meinte, dass jeder, der die Wohnung betrat, es genauso empfinden müsse.

Die zwei Kinder seiner Frau nannte mein Vater nun seine eigenen. Zumindest gegenüber Leuten, die keinen Einblick in seine familiäre Vergangenheit hatten, beispielsweise die Gäste auf den Empfängen, die das Kulturinstitut gab und zu denen er mich manchmal mitnahm. Er sprach dann von seinen fünf Kindern. Mir schien das falsch, obwohl ich den Sohn und vor allem die Tochter seiner Frau, die ungefähr im selben Alter wie meine Brüder und ich waren, eigentlich gern mochte. Interessierte es meinen Vater, was ich dachte? Vielleicht wusste er, dass ich mit seinem neuen Leben grundsätzlich nicht einverstanden sein konnte, sodass es ihm sinnlos erschien, meine Meinung zu konkreten Abläufen zu hören. Er fragte mich jedenfalls nicht, ob es mir Spaß machte, die Ferien in Paris zu verbringen und den ganzen Nachmittag mit seiner Frau allein zu sein, während ihre Kinder in der Schule waren; ob ich mir an diesen Nachmittagen tatsächlich stundenlang französische Zeichentrickfilme ansehen wollte, obwohl ich kein Wort Französisch verstand; ob es mir wirklich gefiel, am Ende aus lauter Langeweile mit seiner Frau zu *Carrefour* zu fahren, um Toilettenpapier, Spülmittel und Frühstücksflocken zu kaufen. Er hoffte wahrscheinlich einfach, seine Kinder würden sich irgendwie einfügen lassen. Seine neue Frau, dachte er offenbar, sollte dabei die Rolle meiner Mutter übernehmen.

Diese Rolle hatte darin bestanden, zwischen den beiden sich widersprechenden Bedürfnissen meines Vaters zu vermitteln: seinem Streben nach gesellschaftlicher Anerkennung und seinem Wunsch, eine Familie zu haben. Mein Vater hatte sich vorgestellt, dass meine Mutter das tat, was Mütter schon immer getan hatten. Sie sollte dafür sorgen, dass er ein Zuhause hatte, einen Ort, an den er sich nach getaner Arbeit von der Welt zurückziehen konnte, dass er sich frei und verwurzelt zugleich fühlen konnte. Sie sollte die Grundlagen dafür schaffen, dass die Art, wie mein Vater sich uns zuwandte, unbeschwert und verspielt sein konnte. Dann dachte er sich Geschichten für uns aus von sprechenden Affen und haarigen Wesen, die im Wald wohnen, oder wir gingen in die Zoohandlung und kauften kleine silberne Fische, die wir, als sie kurze Zeit später, einer nach dem anderen, starben, einzeln im Garten beerdigten. Er brachte uns das Pfeifen bei und in einem bayerischen Waldsee das Schwimmen. Auf der Terrasse bestreuten wir Schnecken mit Salz und sahen zu, wie sie sich langsam auflösten.

Wenn aber sein persönliches Fortkommen es notwendig machte oder wenn ihm danach war, zog er sich aus dem Familienleben zurück. Wo hätte er auch lernen sollen, dass ein Vater unter Umständen nichts anderes war als eine Mutter? Sein eigener Vater jedenfalls hatte mehr Zeit auf Vortragsreisen und am Institut für Angewandte Physik der

Universität Hamburg verbracht als bei seiner Frau und den sechs Kindern. Ich erinnere mich, dass das hagere, strenge Gesicht meines Großvaters sich verzog, wenn seine Enkelkinder, insgesamt hatte er elf, zu Besuch waren und er sich nach dem sonntäglichen Frühstück an den Schreibtisch setzen wollte. Als mein jüngerer Bruder geboren und das Geschrei mit drei Kindern im Haus noch lauter wurde, ließ mein Vater die Tür zu seinem Arbeitszimmer mit Sand füllen, damit kein Geräusch zu ihm durchdrang. Das Arbeitszimmer meiner Mutter hatte keine Tür. So konnte sie uns hören, wenn wir nebenan spielten.

Die gesellschaftliche Dimension der Trennung meiner Eltern wollte mein Vater lange nur ungern einsehen. Es lag ihm daran, die Motive meiner Mutter als irrational darzustellen. «Hysterisch» war das Wort, das in seinen Augen ihr Wesen am genauesten beschrieb. Nichts an dem, was sie tat, so schien mein Vater sich einreden zu wollen, sei auch nur nachvollziehbar. Allenfalls momentweise kam ihm die Ahnung, dass ihre Auseinandersetzung eine grundsätzlichere war, dass hier unterschiedliche Vorstellungen in Konflikt geraten waren, dass die Motive meiner Mutter durchaus plausibel waren und schließlich von vielen anderen Frauen geteilt wurden. Dass das Familienbild, an dem er festhielt, keine Zukunft haben würde. Diese Ahnung fasste er in dem Wort «Emanze» zusammen, das er hin und wieder gebrauchte, wenn er doch einmal über meine Mutter sprach. Beide Wörter, «hysterisch» und «Emanze», gehören zu meiner Kindheit. Lange sagten sie mir nichts, aber ich wusste, dass sie, ähnlich den Begriffen «UdSSR» oder «Tschernobyl», eine weitreichende Bedeutung hatten. Mein Vater, als wollte er die Zeit anhalten, heiratete nach der Trennung von meiner Mutter eine Frau, die so liebenswürdig und nachsichtig war, dass man nicht auf die Idee kam, es habe jemals so etwas wie eine Frauenbewegung gegeben. Bis heute bereitet sie ihm, dessen Habilitationsschrift sich mit der Revolte des Individuums in der Literatur des 20. Jahrhunderts befasst, Tag für Tag drei gesunde, bekömmliche und abwechslungsreiche Mahlzeiten zu.

Wenn die Schulferien vorbei waren und ich aus Frankreich zurückkam, fragte meine Mutter mich schon auf dem Weg vom Bahnhof über ihn, besonders aber über seine Frau aus. Sie wollte alles wissen: wie sie ihr Haar trug, was sie zum Abendessen kochte, welche Bücher sie las. Ich antwortete widerwillig, weil ich nicht verstand, worauf sie hinauswollte. Heute denke ich, dass sie sich diese Frau ganz genau vorzustellen versuchte, die das Leben lebte, das einmal für sie selbst vorgesehen war. Sie war jetzt eine berufstätige, alleinerziehende Mutter mit Doppelnamen, während mein Vater die traditionelle Alleinverdienerehe führte, die er sich immer vorgestellt hatte.

Einmal stieß ich während einer Zugfahrt in der Zeitung auf die Besprechung eines Buches über Scheidungskinder. Eine amerikanische Soziologin befragt darin junge Erwachsene zwischen 20 und 35 Jahren und stellt fest, dass diejenigen, deren Eltern eine Scheidung hinter sich haben, von sich selbst sagten – deutlich häufiger als Kinder aus intakten Ehen –, misstrauisch und mit ihrem Leben nicht glücklich zu sein. Sie sagten, dass sie sich oft unverstanden fühlten. In der Kindheit seien sie nicht selten überfordert gewesen.

Konflikte machten ihnen eher Angst, als dass sie darin Möglichkeiten zur Lösung eines Problems sähen. Ich las den Satz: «Die These des Buches lautet, dass die Trennung der Eltern das innere Leben von Kindern spaltet, sie in jungen Jahren zwingt, Experten in Fürsorge und Strategie zu werden: Aufgaben, die sie überfordern und sie noch als Erwachsene mit einem Gefühl der Unsicherheit und Einsamkeit erfüllen können.» Schnell stand ich auf, um in den Speisewagen zu gehen, als ich feststellte, dass ich Tränen in den Augen hatte. Ich wunderte mich, dass manche Erinnerungen direkt unter der Oberfläche bleiben und es einem nicht gelingt zu trennen zwischen dem, was war, und dem, was heute ist.

Ich ging in die Berliner Staatsbibliothek am Potsdamer Platz, um nach weiteren Begründungen und Erklärungen zu suchen. Ich bestellte mir Bücher: *Zur Dynamik von Ehescheidungen*, *Sozialstruktur und Ehestabilität*, *Scheidungsursachen aus soziologischer Sicht*, und fand einen Tisch vor der hohen Glasfront des Lesesaals, durch die man auf die Philharmonie und das Kulturforum blickt. Die langen Tage, die ich hier verbracht hatte, um für meine Abschlussprüfungen zu lernen, lagen keine drei Jahre zurück und schienen doch weit weg. «Die Erwerbstätigkeit der Ehefrau reduziert die eheliche Stabilität», las ich. «Je geringer der Urbanisierungsgrad, desto größer ist die eheliche Stabilität. Je höher die Mobilitätsrate, desto höher ist die Scheidungsrate. Scheidungsraten folgen ökonomischen Zyklen. Positive wirtschaftliche Entwicklungen steigern die Scheidungszahlen. Unerwartete Einkommenszuwächse des Ehemannes erhöhen die eheliche Stabilität. Unerwartete Einkommenszuwächse der Ehefrau reduzieren die eheliche Stabilität.»

Die Scheidungsrate lag im Jahr der Trennung meiner Eltern bei 30,1 Prozent. Heute liegt sie bei 39,5 Prozent. Offenbar haben sich seit 1989 immer mehr Paare scheiden lassen, weil mehr Frauen arbeiten, weil mehr von uns in Städten wohnen, weil wir nicht länger ein ganzes Leben an einem Ort bleiben, weil unser Lebensstandard steigt. Die Alleinverdienerehe auf dem Land hat gehalten; die Ehe in der Stadt, die, in der die Ehefrau begann, Geld zu verdienen, ist zerbrochen.

Spreche ich von meinen Eltern, klingt das, was ich erzähle, irgendwie modern, liberal, aufgeklärt. Manche sagen dann, sie hätten sich oft gewünscht, dass ihre Eltern auch auseinandergegangen wären, damals in den achtziger Jahren, als sie in ihren holzverkleideten Kinderzimmern unter dem Dach die Eltern durchs Haus schreien hörten und der Vater manchmal für zwei Wochen nach Marmaris verschwand und nichts von sich hören ließ, um seine Ruhe zu haben. Aber ich glaube, sie meinen eigentlich etwas anderes. Sie haben sich gewünscht, dass ihre Eltern sich besser verstehen, ihre Konflikte lösen und aufhören, herumzuschreien, damit das Kind oben im Kinderzimmer nicht mehr solche Angst haben muss, dass seine Eltern sich trennen.

Ich blickte mich in der Bibliothek um und fragte mich, ob die anderen Studenten wohl merkten, dass ich nicht zu ihnen gehörte. Ich sah ihnen zu, sie tippten in ihre Computer und guckten immer wieder auf ihre stumm geschalteten Handys. Sie tranken Bionade aus Plastikflaschen, und vor ihnen lagen ihre iPods – sonst war nichts wirklich anders als während meiner Studienzeit. Vielleicht ist es so, wenn man an einen Ort zurückkehrt, der einmal vertraut war, wenn man sich an das Vertraute nur noch erinnern kann, ohne es zu fühlen – jedenfalls spürte ich so deutlich wie nur selten, dass Zeit vergeht.

Die Ehe meiner Eltern war auch deshalb gescheitert, weil es noch keine Vorstellung davon gab, wie Familien künftig zusammenleben würden, in sich verbunden, aber den einzelnen Mitgliedern individuelles Bewusstsein und Handeln zugestehend. Es gab nur das überkommene Bild, starr und unbeweglich, und die Familien, die ihm nicht mehr entsprechen konnten, zerbrachen daran, mit jedem Jahr mehr.

Bisher war die Ehefrau und Mutter vom Prozess der Emanzipation ausgeschlossen, und so lange konnte sich auch unsere Idee von Familie nicht erneuern. War eine Frau Mutter, war sie es ausschließlich, aus konservativer und auch aus feministischer Sicht.

Anfang der siebziger Jahre wollten die Aktivistinnen Frauen von gesellschaftlichen Pflichten entbinden, sie fortan als Individuen begreifen; für all diejenigen, die dennoch verheiratet waren und Kinder hatten, fühlten sie sich nicht zuständig.

Seit kurzem erst fragen wir uns, unter welchen gesellschaftlichen Voraussetzungen eine Frau Mutter sein kann, ohne sich in unzeitgemäße Abhängigkeitsverhältnisse zu begeben, ohne ihre eigenen Ideen, ihre Leidenschaften aufzugeben – so wie es für Väter immer schon ganz selbstverständlich war. Seit ein paar Jahren erst versuchen wir uns eine Familie vorzustellen, die statt einer Versorgungseinheit eine tatsächliche Gemeinschaft ist, beruhend nicht auf ökonomischen Abhängigkeiten, sondern auf Verbundenheit.

Ich bin in meinem ganzen Leben noch nie auf einem Hochzeitsfest gewesen, und ich beginne, mich darüber zu wundern. Nur ein einziges Mal bekam ich wenigstens eine Einladung, aber an diesem Tag feierte meine Familie schon die Abiturprüfung meines jüngeren Bruders, und ich musste absagen. Natürlich, immer weniger Leute heiraten, und wenn sie es doch tun, dann oft an fernen Orten, als hätte die Hochzeit wenig mit ihrem richtigen Leben zu tun. Die drei Ehepaare, mit denen ich befreundet bin, haben in Johannesburg, Kioto und Sydney geheiratet und niemanden eingeladen. Auch heiratet man heute entschieden später, und vielleicht bin ich in meinem Alter, in dem eine Frau früher gewöhnlich schon mehrere Kinder hatte, noch zu jung, um auch nur Gast auf einem Hochzeitsfest gewesen zu sein. Weil ich aber die Zeremonie, außer im Film, noch nie gesehen habe, erscheinen mir Hochzeiten fast unwirklich und märchenhaft – wie ein Einhorn, etwas, das gar nicht existiert, von dem es aber unzählige Bilder und Geschichten gibt. Wahrscheinlich mag ich deshalb die Vorstellung, ich wäre ein Mädchen, das eines Tages ein weißes Kleid anzieht und am Arm ihres Vaters durch den Mittelgang einer prächtigen Kirche zu einem Altar geführt wird. Ich hielte einen Strauß blassrosa Rosen und spräche einen Schwur fürs Leben. Aber dann fällt mir wieder ein, dass ich nicht getauft bin und also nicht in einer Kirche heiraten werde. Zudem bin ich mir nicht sicher, ob ich überhaupt heiraten will. Die Wahrscheinlichkeit, dass Scheidungskinder sich scheiden lassen, ist hoch, und möchte ich dieses Risiko unbedingt eingehen? Wenn aber doch, dann wüsste ich nicht, ob ich meinen Vater einladen könnte, da er seit über fünfzehn Jahren kein Wort mit meiner Mutter gesprochen hat. Wie in einem Brecht'schen Verfremdungseffekt, als begänne die Mutter Courage ein Lied zu singen, fällt mir meine reale Familiensituation wieder ein und unterbricht meinen Mädchentraum.

Es ist schwieriger geworden, von der Liebe zu träumen. Das ist der Preis für die Gleichberechtigung zwischen den Geschlechtern, der Preis, den wir dafür zahlen, dass wir selbst über unser Liebesleben bestimmen. Ob wir so leben wollen, ist eine wichtige, aber müßige Frage. Denn wir haben uns bereits dafür entschieden.

Guten Morgen, du Schöne.
Über eine ostdeutsche Herkunft

Ich muss diesen Text, der ein Text über meine Mutter und auch über meinen Vater werden soll, mit einer Einschränkung beginnen. Diese Einschränkung wird anderen banal erscheinen, mir aber ist sie wichtig: Ich kenne meine Mutter erst seit dreißig Jahren. Und ich kenne ihre Welt erst seit dreißig Jahren. Die erste Hälfte ihres Lebens hat sie in einer Welt verbracht, für die mir im Nachhinein nur die Bilder eines Kindes zur Verfügung stehen, obwohl meine Mutter selbst darin längst erwachsen war.

Als ich geboren wurde, war meine Mutter so alt wie ich heute. Sie wuchs in Thüringen auf und verließ, weil ihre Eltern das für sinnvoll hielten, nach der zehnten Klasse die Schule, um Chemielaborantin zu werden. Damals riet man den jungen Menschen, einen Beruf in dieser Branche zu ergreifen. Chemie, hieß es, habe eine große Zukunft. Meine Mutter zog in das Ledigenwohnheim einer kleinen Stadt, die neben einem großem Kombinat lag. Meinen Vater hatte es an diesen Ort als Soldat verschlagen. Er absolvierte dort seinen Dienst an der Waffe, und als ich im Krankenhaus der benachbarten Kreisstadt Borna geboren wurde, gab es dafür keinen anderen Grund als den, dass es für mich zuständig war. Bis heute verbindet mich nichts mit dieser Stadt, die seither in allen Unterlagen mit mir in Verbindung gebracht wird. Nach meiner Geburt bin ich nie wieder dort gewesen, wir sind allenfalls mal hindurchgefahren, vorbei an den Abraumgruben des Tagebaus, die bis zum Horizont reichten, vorbei an den Kraftwerkstürmen, die unermüdlich dicken weißen Qualm ausstießen. Meine Mutter zeigte mir dabei stets wie in einem Ritual, das ich mochte, weil ich es kannte, jenes Fenster am äußersten Rand des Krankenhauses, hinter dem ich auf die Welt gekommen war.

Das Ledigenwohnheim meiner Mutter stelle ich mir, ehrlich gesagt, als einen ziemlich traurigen Ort vor, obwohl dort, wie sie erzählt hat, viel gefeiert wurde. Auch das Chemiewerk, in das sie jeden Morgen zur Arbeit ging, die Werkstürme, die Tagebaulandschaft ringsum, ein Freund in der Uniform der DDR-Armee … ganz schnell bin ich dabei, das jugendliche Leben meiner Mutter als einen tristen Film von Krzysztof Kieslowski vor mir zu sehen. Auch wenn ich weiß, dass sie mir widerspräche und ich mit meinen Vorstellungen falschliege, bleibt ein unbehagliches Gefühl. Es sind nur wenige Bilder, die ich mir denken kann, und die, die es gibt, sind obendrein schwarz-weiß.

Andererseits sind da aber die festen und unverrückbaren Koordinaten dieses Lebens, die meiner Mutter damals sicher als Unfreiheit vorgekommen sind, mir im Nachhinein jedoch verlockend erscheinen. Ich kann schwer sagen, warum. Vielleicht ist es ihr festgelegter Tagesablauf; vielleicht die immergleichen Kollegen, mit denen sie von ihrer Jugend bis zum Mauerfall, ja manchmal noch bis zum Beginn ihres Vorruhestandes im letzten Jahr zusammengearbeitet hat; vielleicht die Verflechtung ihres privaten und des gesellschaftlichen Lebens, die ich mir in vielen Punkten gewiss enger denke, als sie war, um sie in anderen zu unterschätzen. All das, merke ich, zieht mich an, weil ich es nicht kenne und kaum in der Lage bin, es mir vorzustellen. Ich bilde mir ein, in den siebziger und achtziger Jahren habe in jenem anderen, gescheiterten System jeder seinen Platz gehabt. Betrachte ich dagegen meinen unübersichtlich kleinen, nur nach eigenen Maßstäben entworfenen Alltag, der in einer Gegenwart stattfindet, die mir oft ziellos erscheint, und der sich jeden Tag mit allen nur denkbaren Optionen vor mir aufrichtet, dann beneide ich meine Mutter um jenen Zustand von Alternativlosigkeit, um den man normalerweise niemanden beneidet.

Im Jahr nach meiner Geburt erschien ein Buch, das wie keines zuvor die Situation von Frauen in der DDR beschrieb, weil die Frauen sich darin selbst beschrieben. Meine Mutter hat es damals gelesen und mir später, da stand die Mauer nicht mehr, gegeben: Maxie Wanders *Guten Morgen, du Schöne*. Es trägt den wunderbar schnörkellosen Untertitel *Protokolle nach Tonband*, ging in der DDR von Hand zu Hand und wurde auch in der Bundesrepublik mit großem Erfolg veröffentlicht. In gewisser Weise ähnelt es Alice Schwarzers Buch *Der kleine Unterschied*, das ja behauptet, das erste und einzige seiner Art zu sein. Im Unterschied zu Schwarzer jedoch tritt Maxie Wander in ihren Texten in den Hintergrund. Sie versucht, hinter den Stimmen der Frauen zu verschwinden, die sie getroffen hat und die ihr von ihrem Leben erzählt haben. Selbst heute, beim Wiederlesen, erscheint es mir erstaunlich, wie behände neutral und doch sensibel Maxie Wander die Worte der Befragten bearbeitete und dabei als deren eigene stehenließ. Und was die Frauen der Fremden alles erzählten, was sie ihr an Kritik über den

Sozialismus anvertrauten! Nur im Vorwort kommt Maxie Wander selbst kurz zu Wort, sie schreibt: «Wir können uns eigentlich nicht wundern, dass in der sozialistischen Gesellschaft Konflikte ans Licht kommen, die jahrzehntelang im Dunkeln schmorten und Menschenleben vergifteten. Konflikte werden uns erst bewusst, wenn wir uns leisten können, sie zu bewältigen.»

Ich mag den Sound dieser Jahre. Schon in den ersten Sätzen zeigt sich eine engagierte Direktheit der Worte, die eine Direktheit der Gedanken ist; sie erfasst mich sofort und überrascht mich jedes Mal neu. Der Ton der Frauen ist realistisch und klar, von Alltäglichem durchsetzt, kraftvoll und zart, selten zaudernd, auch unverbildet. Vor allem, und das scheint mir dreißig Jahre später das Wesentliche, kommt er ohne die Stereotypen aus, die man heute in den Worten vieler Menschen findet, deren eigene Gedanken mit medial vermittelten so verschmolzen sind, dass sie keine unverwechselbare Sprache mehr haben.

Die Interviewpartnerinnen von Maxie Wander stammen aus allen Altersstufen und allen sozialen Schichten. Ruth, die zweiundzwanzigjährige Serviererin, die ihren Sohn die Woche über ins Kinderheim bringt, weil sie arbeiten geht, findet weder in eine Rolle als Frau an der Seite eines Mannes noch in die der Mutter. Diesen Zustand schildert sie als Dilemma, bei dem ihr Sohn sich in den Weiten des Neubaugebietes oft selbst überlassen bleibt. Doris dagegen, die Unterstufenlehrerin kurz über dreißig, hat ein enges Verhältnis zu ihrem Sohn. Sie erzählt ihm sogar, wenn sie sich in einen anderen Mann verliebt hat. Die Beziehung zu ihrem Ehemann, einem Werkzeugschlosser, ist ziemlich erkaltet.

Doris aber hat sich vorgenommen, es über das Abend- und Fernstudium bis zur Schuldirektorin – Doris sagt natürlich Schuldirektor – zu bringen. Sie freut sich über diesen Ausweg. Die Sekretärin Rosi glaubt nicht, dass ihr Leben anders verliefe, wenn sie Geflügelzüchterin, Kranführerin oder Dichterin geworden wäre. Sie ist zufrieden und stört sich nur an dem Gehorsam, den der Sozialismus von ihr verlangt: «Das Strammstehen in der Schule, diese äußerliche, sinnlose Disziplin, Fahnenappell, Augen links, Augen rechts. Was hat das mit Sozialismus zu tun? Das widerstrebt mir total. Ich kam mir wie vergewaltigt vor.» In dem Betrieb, in dem Rosi arbeitet, trifft sie häufig Menschen, auch Frauen, die ihr gefallen, und so hat sie mit ihrem Mann ein Abkommen geschlossen: «Jeder von uns hat das Recht wegzugehen und als ein anderer wiederzukommen.» Lena, die dreiundvierzigjährige Dozentin, deren erster Mann früh verstarb, lebt nun mit einem Mann zusammen, der sein Geheimnis nicht mit ihr teilt, wie sie sagt, und neben dem auch sie andere Männer trifft. Sie sagt: «Wie ist das denn mit der Selbstverwirklichung, die in aller Munde ist? Ich glaube daran, dass so etwas möglich ist, sonst würde ich nicht aufstehen in der Früh. Ich sehe die Verwirklichung der Einzelnen eigentlich nur in einem sinnvollen Verhältnis zur gesellschaftlichen Selbstverwirklichung. Wenn man den Platz nicht akzeptiert, auf den man gestellt wird, muss man ihn zu verändern suchen, ohne die ganze Kette in Gefahr zu bringen.»

Liest man in den Protokollen der Frauen, schaut man einer Gesellschaft zu, die im Werden begriffen ist, die sich eine Zukunft denkt, die etwas anderes sein darf als die ewig wiederkehrende Gegenwart. Auch Christa Wolf schreibt in ihrem Nachruf auf Maxie Wander, die kurz nach dem Erscheinen von *Guten Morgen, du Schöne* verstarb und somit all die Reaktionen und den Erfolg ihres Buches nicht mehr erleben konnte: «Gleichzeitig hat Maxie Wander sich mit den Gegebenheiten nicht abgefunden, hat sich der Spannung ausgesetzt zwischen dem, was wir heute sein können, und dem, was wir morgen sein wollen …»

Ich selbst kann mich nicht erinnern, in den letzten Jahren je Angst gehabt zu haben, mit dieser oder jener Handlung eine Kette in Gefahr zu bringen. Ich fühle mich nicht als Teil eines Ganzen und bin es, genau betrachtet, auch nicht. Die Zeit, in der meine Mutter so alt war wie ich heute, zieht mich an und stößt mich zugleich weg. Immer wieder versuche ich, die Koordinaten des Lebens meiner Mutter mit denen meines eigenen zu vergleichen, ihr Leben in der DDR also mit meinem in der Bundesrepublik. Die Kräfte der An- und Abstoßung sind dabei gleichmäßig stark, sie wechseln einander ab. Die so entstehende Energie verschwindet nicht, sondern hält sich durch die gegenläufigen Pendelbewegungen wie ein Perpetuum mobile selbst in Gang. Dabei habe ich mir in den letzten Jahren wiederholt die Frage gestellt, warum es eine der wenigen allseits geteilten Annahmen über die DDR ist, dass Frauen dort selbständiger und unabhängiger gewesen seien, gleichberechtigter als im früheren Westdeutschland und auch im wiedervereinigten Deutschland. Und ich frage mich, warum mir dieses Argument – trotz oder wegen seiner Plausibilität – stets schal vorgekommen ist.

Aber auch in den Geschichten, die die Befragten Maxie

Wander erzählen, scheint sich diese These wieder zu bestätigen. Sie reden offen und ohne Rechtfertigungsgebärden über ihren sogenannten Platz in der Mitte der Gesellschaft. Liest man ihre Worte, wirken sie sicher, diesen Platz nicht irgendwann einmal gegen jemanden verteidigen zu müssen; vielmehr denken sie darüber nach, wie sie ihm gerecht werden können. Wie viel defensiver argumentieren Frauen heute. Wie viel weniger selbstbewusst, wie viel abhängiger treten wir auf.

Vielleicht aber kommt es uns in der Rückschau auch nur so vor, weil wir auf ein nicht mehr existierendes Land blicken, dessen Voraussetzungen mit ihm selbst verschwunden sind. Selbst wenn die ökonomische Unabhängigkeit der Frauen im Sozialismus zweifellos größer war: Verhält es sich nicht einfach so, dass die DDR-Gesellschaft die formale Gleichberechtigung der Geschlechter nur deshalb vorwegnahm, weil sie die Menschen als Teilnehmer der sozialistischen Gemeinschaft begriff und damit alle im gleichen Maße reduzierte? Weil sie den Unterschied zwischen Mann und Frau völlig ignorierte, ihn vernachlässigte, ihn unter den Tisch fallen ließ oder zumindest den Kategorien Sozialist und Nichtsozialist unterordnete? Das hieße, dass die heute gern behauptete größere Gleichberechtigung in der DDR paradoxerweise nichts anderes als der Ausweis einer größeren Unterdrückung gewesen ist. Starke Gleichmacherei führt eben zu mehr Gleichbehandlung. Und für die alte Bundesrepublik hieße das: In Westdeutschland gab es, gerade weil man auf die Unterschiede zwischen Mann und Frau Rücksicht zu nehmen vorgab, keine die Geschlechterfrage dominierende Kategorie. Es konnte keine geben, und so wuchsen sich die Differenzen zu Gegensätzen aus.

Ich glaube daher, dass uns nachgeborenen Frauen und Männern weder die bundesrepublikanische noch die DDR-Vorwende-Realität als Referenz zur Verfügung steht. Auf keine der beiden können wir zurückgreifen, wenn wir uns eine zukünftige Existenz entwerfen wollen.

Wir müssen von vorn beginnen. So wie die Frauen in Alice Schwarzers Buch *Der kleine Unterschied* auf beinahe jeder Seite von ihrer sexuellen oder finanziellen Abhängigkeit berichten und damit den Anteil des Frauseins an ihrer Existenz in einer Weise betonen, die zeigt, wie sehr sie sich darauf haben reduzieren lassen, berichten die bei Maxie Wander zwar aus der Mitte des Lebens und von einer ökonomisch gesicherten Position, aber eben doch aus dem gesellschaftlichen Alltag einer Diktatur, die sowohl Frauen wie Männer zur Teilnahme zwang.

Soweit ich mich erinnere, war ich als Kind aufs vielfältigste in das Leben meiner Eltern als Werktätige verstrickt, die wiederum weitarmig mit dem Staat DDR verbunden waren, freiwillig oder unfreiwillig. Nach meiner Geburt bekamen sie eine eigene Wohnung. Im Süden von Leipzig war ein Neubaugebiet entstanden, und den Arbeitern des Chemiekombinats wurde einer der Blöcke zugeteilt. Endlich konnte meine Mutter das Ledigenwohnheim verlassen. Nun lief sie morgens mit den Kollegen, die in den vier Eingängen unseres Zehngeschossers wohnten, zum S-Bahnhof und stieg in den Sonderzug ins Kombinat. Morgens hin, nachmittags oder abends zurück. In dem Fotoalbum, das sie für mich anlegte und in dem sie mich direkt anspricht, schreibt sie, da bin ich vier Monate alt: «Wir sind in unsere neue Wohnung gezogen. Du musstest bei den Renovierungsarbeiten immer mit, da Deine Oma aus A. kurz nach Deiner Geburt verstorben war. Du hast inzwischen ein stattliches Gewicht von sieben Kilogramm erreicht.»

Die Oma aus A. war die Mutter meiner Mutter. Ich kenne sie nur von alten Fotos. Sie soll viel gelesen und über ihren Mann, der Gärtner war, geschimpft haben, weil er irgendwann nicht mehr mit ihr, sondern nur noch mit seiner jüngsten Tochter, meiner Mutter, und mit den Ziegen sprach. Direkt vor unserem Wohnblock lagen die Kinderkrippe und der Kindergarten, daneben war die Poliklinik, über die Straße die Kaufhalle, hinter dem Wohnblock ein Spielplatz, die Wäscherei und der Platz mit den Wäschestangen. Auf diesem winzigen sozialistischen Zweckareal fanden die ersten drei Jahre meines Lebens statt. Aber ich habe kaum Erinnerungen daran.

Kurz vor der Geburt meiner Schwester zogen wir in ein Haus mit Garten, das weniger als fünfhundert Meter vom Wohnblock entfernt stand. Es gehörte zu einer Eigenheimsiedlung, die in den dreißiger Jahren von den Nationalsozialisten außerhalb der Stadt angelegt worden war. Inzwischen aber war Leipzig gewachsen, und die massigen Riegel der Neubaublocks versperrten den Blick ins Grüne. Das Haus soll mein Vater einer älteren Dame «abgeschwatzt» haben, wie meine Mutter sich später gern ausdrückte, und mit dem, was er unter anderem für den Verkauf seines Trabants bekam, bezahlt haben. Es gab damals nicht viele Leute, die in einem eigenen Heim wohnen wollten. Unseres war Ende der siebziger Jahre noch in demselben Zustand, in dem es sich beim Erstbezug befunden haben musste. Es gab keine Heizung, nur alte Öfen, kein warmes Wasser, undichte Fenster. Meine Mutter hat noch Jahre später von dem ersten, kalten Winter erzählt, den sie mit mir und dem Baby, meiner Schwester, in den nur schwer beheizbaren und karg eingerichteten Zimmern verbracht hat, während mein Vater den Geschäftigkeiten des Tages nachging.

Mein Vater liebte es, Geschäfte zu machen. Er konnte auch nach der Arbeit nicht damit aufhören. Das Haus war für ihn der erste Schritt in die richtige Richtung. Er war seinem Traum nähergekommen.

Mein Vater ist als Sohn eines Arbeiters und einer aus Ostpommern Vertriebenen ein paar Wochen vor der Gründung der DDR geboren. Seine Heimatstadt Halberstadt war im Zweiten Weltkrieg stark zerstört worden. Nur das ehemalige jüdische Viertel und der Dom erinnerten noch an die historische Struktur der Stadt. Im Sozialismus errichtete man auf den Trümmern Halberstadts entweder Plattenbauten oder beließ alles, wie es war, als Brache. In den Jahren nach der Wiedervereinigung wurde die Innenstadt dann wieder aufgebaut. Und auch wenn sie heute als Vorzeigemodell ostdeutscher Stadtsanierung und -erneuerung gilt, tröstet daran nur, dass die neuen Platten nicht mehr auf den ersten Blick als solche zu erkennen sind.

Anders als in der DDR hängen heute überall, in Banken, Restaurants, Cafés, ja selbst in Parkhäusern, Bilder und Ansichten der historischen Altstadt und ihrer Fachwerkhäuser, als hätten die Halberstädter nur die Zeit vor 1939 im Gedächtnis bewahrt. Von den Jahren danach ist nirgends etwas zu sehen. Nur sie selbst erinnern an diese Zeit. Und so dachte ich während meines letzten Besuchs, ob es sich vielleicht immer so verhält: ob man in der Auseinandersetzung mit Geschichte die jeweils vorausgegangene Epoche überspringt und so tut, als wäre nichts gewesen.

Die Mutter meines Vaters war in den Wirren der Nachkriegszeit nur zufällig hier gelandet. Sie war der Liebe wegen steckengeblieben. Während ihre Familie weiter in die Nähe von Hamburg zog, blieb sie zurück, weil sie meinen Großvater kennengelernt hatte. Mein Vater hat als Kind daher seine Ferien oft an der Nordsee verbracht und später erzählt, dass seine Großmutter ausgerechnet in der Nacht des 13. August 1961 zu Besuch in der Ostzone war. Als sie die Nachricht vom Mauerbau im Radio hörte, packte sie in Panik ihre Koffer, setzte sich in den Zug und fuhr nach Hause. Sie hatte Angst, nicht mehr über die Grenze gelassen zu werden und ihr Leben fortan in der DDR verbringen zu müssen.

Vielleicht haben Erlebnisse wie diese dazu beigetragen, dass mein Vater schon früh das Gefühl bekam, auf der falschen Seite der Welt geboren worden zu sein. Ich glaube, im Inneren hat er seiner Mutter stets vorgeworfen, dass sie in der DDR geblieben und nicht ihrer Familie nach Schleswig-Holstein nachgereist war. So hat er seine Existenz immer als eine Spielart seines eigentlichen Lebens betrachtet. Er war in einer Art Parallelzustand gelandet, wohingegen das eigentliche Leben in seinem Kopf stattfand. Er bildete sich ein, sich von anderen, in seinen Augen vielleicht «normaleren», DDR-Bürgern zu unterscheiden. Diesen Unterschied wollte er deutlich machen, dieses Anderssein musste er immer betonen; an mich und vielleicht auch an meine Schwester hat er das Gefühl beharrlich weitergegeben. Er träumte von Besitz, Vermögen, Wohlstand, Eigentum – kurzum von allem, wovon man in der DDR nicht träumen sollte. Das half ihm dabei, innerlich Teil jener freien Welt zu bleiben, die er nur aus seinen Kindheitsferien an der Nordsee kannte und die er später, nachdem die Mauer gebaut worden war, lediglich im Fernsehen sah. Derart eingerichtet und doch unbehaust, arbeitete sich mein Vater in der DDR wenn nicht im politischen, so doch im materiellen Sinne frei, ohne je ernsthaft darüber nachzudenken, ob er dem Land auch auf reale Weise entkommen könnte.

Meine Mutter war dagegen ihrem Wesen nach allem zugewandt. Elternabende, Besuche beim Kinderarzt, Schuh- oder Klamottenkäufe und Schulvorbereitungen gehörten selbstverständlich in ihren Bereich. Meine Mutter ist mit uns zu den Kinderführungen ins Museum gegangen, sie hat meine Schwester zum Zeichenunterricht gebracht und mich beim Tennis angemeldet. Zu Ostern hat sie mit uns Eier bemalt, im Herbst Kastanien gesammelt, zu Weihnachten Plätzchen gebacken und im Winter einen Schneemann gebaut. Sie hat für uns Kindergeburtstage mit Blindekuh, Wattepusten, Igelwurst und Kinderbowle veranstaltet. Sie ist mit uns regelmäßig in die Bücherei gegangen. Sie hat mir beim Handball zugesehen und meiner Schwester, wie sie Klarinette spielt. Sie hat im Sommer ein Wasserbecken im Garten aufgebaut und ist im Winter mit uns Schlitten gefahren, Gleitschuh oder Ski. Sie hat uns Trainingsanzüge aus Bettlakenstoff genäht und Pullover mit Segelschiffmotiven bedruckt. Sie hat meine Schwester in der Kur besucht und mich an den Wochenenden zu Tennisturnieren gefahren. Von meiner Klassenlehrerin musste sie sich belehren lassen, dass ich im Unterricht zu viel schwatze und überhaupt frech bin. Von meinem Tennislehrer bekam sie gesagt, dass ich auf dem Platz zu viel herumbrülle, wenn es nicht so lief, wie ich wollte.

Mein Vater gab währenddessen die großen Kreise vor, an denen ich mich, ob ich wollte oder nicht, zu orientieren begann. Er war der ständige Kommentator oder, wenn er es für nötig hielt, Kritiker dessen, was ich tat. Oft, fand ich, lag er mit seinen Einschätzungen daneben, wie meine Mutter nie hätte danebenliegen können. Manchmal traf er einen Punkt ziemlich genau, was wahrscheinlich daran lag, dass er eine größere Distanz hatte. Erstaunlich früh stand für ihn fest, aus mir würde entweder eine Journalistin oder ein Parteisekretär. Die Idee mit dem Parteisekretär erzählte er gern in großen Runden, vor anderen Leuten, bei Familienfeiern, um sich danach über seinen Einfall totzulachen. Heute weiß ich, ich habe es meiner Mutter zu verdanken, dass ich mich nach meiner Kindheit sehne.

Nichts fällt mir schwerer, als zu akzeptieren, dass meine Kindheit vorüber ist. Das hat mit einer politischen oder ideologischen Einstellung nichts zu tun. Vielmehr sehne ich mich nach der festen Ordnung, zu der alles um mich gehörte, weil ich selbst nicht auf den Gedanken kam, etwas verändern zu können oder Einfluss zu haben. Nahtlos fügte sich eins ans andere, ergab einen Ablauf. Keine Last der Entscheidung trieb mich an. Den Dingen blieb ihre Sinnlosigkeit erhalten, weil ich sie nicht hinterfragte. Ich bezweifelte ihr Wesen nicht. Sie geschahen einzig aus dem

Grund, dass die Zeit verging, dass ich mir die Zeit vertrieb. Mehr nicht.

Nur als Kind kann man sich derart in Dingen verlieren: in den Stunden des Nachmittags, in denen sich nichts als der Einfall des Lichts verändert und die täglich, als wäre das Leben endlos, nach dem Mittagessen beginnen und sich bis in die Abenddämmerung, bis zum Beginn des Abendessens hinziehen. Danach sehne ich mich, und ebenso nach den immergleichen Geräuschen im Haus. Den Schritten meiner Mutter auf der Treppe, den Rufen meiner Schwester, den Schatten im Flur, wenn mein Vater von der Arbeit kam und man seine Umrisse im schwachen Licht des Korridors durch das Glas der Tür bereits sehen konnte, bevor er hereinkam. Ich sehne mich nach jenem ersten Teil meines Lebens, der vorüber ist.

Kurze Zeit nach dem Mauerfall trennten sich meine Eltern. Die Trennung hatte sich länger angekündigt als der Mauerfall, der damit verglichen überraschend kam. Trotzdem steht fest, dass der Mauerfall sich auch ohne die Trennung meiner Eltern so ereignet hätte, wie er sich ereignet hat. Was die Scheidung angeht, da habe ich meine Zweifel. Es ist mittlerweile zu einem Gemeinplatz geworden: Die kleine Welt um uns herum brach auseinander. Beziehungen und Ehen gingen kaputt, weil deren über Jahre eingeübte innere Kompromisse den äußeren Veränderungen nicht mehr standhielten. Das konnte ich überall beobachten, und so schien auch die Trennung meiner Eltern für mich nicht viel mehr als ein Teil jener größeren Mechanik und Bewegung zu sein, ein im Ganzen fast organischer Vorgang, den die

Umwälzungen mit sich brachten. Der entscheidende, der dominierende Bruch war gesellschaftlich vollzogen worden, demgegenüber fiel unser kleiner privater für mich, sicher anders als für meine Eltern, nicht weiter ins Gewicht.

Die Erwachsenen versuchten, ihr Leben noch einmal von vorn zu beginnen, und es war zu spüren, dass viele das lieber mit einem neuen Partner taten. Sie umgaben sich mit Menschen, die sie vor dem Mauerfall noch nicht gekannt hatten, die sie nicht mit alten Selbstbildern und überkommenen, nun unpassend wirkenden Ich-Inszenierungen konfrontierten. In den Jahren nach der Wende, in denen man vieles pragmatisch betrachtete, wäre das unnütz erschienen. Es hätte unnötige Skrupel ausgelöst. Beziehungen jedenfalls schienen wenig mit Liebe zu tun zu haben. Offenbar bestand ihre Aufgabe darin, sich gegenüber einer schnell ändernden Wirklichkeit behaupten zu können.

Dabei waren die Fragen der Zeit mit Händen zu greifen. Ich bin mir sicher, dass sie in jeder Partnerschaft auf unterschiedliche Weise eine Rolle gespielt haben: Wie sollte man mit den neuen Verhältnissen umgehen? Wie sich am besten verhalten? Gab es Regeln, taugliche Strategien? Und welche Strategien nahm die bundesrepublikanische Wirklichkeit dankbar auf? Welche lehnte sie ab? Umfasste eine taugliche Strategie auch moralisches Verhalten, oder schloss eines das andere aus? Kam nur der durch, der ohne Skrupel agierte, der sich auf alte Netzwerke verließ und keine Selbstzweifel hatte?

Öffentlich sind diese Fragen nie verhandelt worden, sie stellen sich daher noch immer. Weder damals noch heute spricht man über die Bedingungen all der neuerlichen Auf-

oder nachträglichen Abstiege, die sich, anders als man glauben will, quer durch sämtliche Schichten der ehemaligen DDR-Gesellschaft ziehen. Ihre komplette soziale Umordnung nimmt man noch immer als einen diffusen, wenig strukturierten Vorgang wahr, der mehr mit dem Schicksal als mit zu formulierenden Gesetzen zu tun hat.

So ist leichter zu akzeptieren, dass sich die ehemalige, vorsätzlich homogene DDR-Gesellschaft längst geteilt hat in jene, die es geschafft, und jene, die es nicht geschafft haben. Beide Gruppen begegnen sich ohnehin kaum mehr. Sie laufen sich nicht über den Weg, als wäre auch der Osten, wie die alte Bundesrepublik, eine seit Jahrzehnten ausdifferenzierte und sedimentierte Gesellschaft.

Diese rasante Entwicklung fand nirgendwo anders als in den Familien statt. Die Grenzen liefen mitten durch Liebespaare, Partnerschaften und Ehen hindurch, als sei es ein Gesetz der neuen Zeit, dass Auf- und Abstieg sich gerade wegen der gesamtgesellschaftlichen Dimension des Vorgangs immer wieder so vollzogen, dass es den einen Partner traf, während der andere verschont blieb. Dass der Mann betroffen war, während die Frau durchkam – oder umgekehrt; obwohl man bisher alles geteilt und noch eben geglaubt hatte, auch weiterhin alles teilen zu können. Plötzlich verlief der Riss nicht mehr entlang der Milieus und ihrer Grenzen, sondern direkt zwischen befreundeten oder verheirateten, verliebten oder geschiedenen Paaren hindurch.

Frau zu sein war bei uns zu Hause weder vor noch nach dem Mauerfall ein Thema. Unterschiede zwischen den Geschlechtern kamen nur ab und zu zur Sprache, wenn mein Vater sich im Scherz beklagte, mit drei Frauen unter einem Dach leben zu müssen. Im Gegenteil, ich wurde wie viele Mädchen zum Sport geschickt, sollte, wenn es nach meinen Lehrern ging, sogar Leistungssportler werden und übernahm Verantwortung im Klassen- und später auch im Schulkollektiv, oftmals in Positionen, die denen der Jungs übergeordnet waren. Heute könnte ich mir einbilden, dass ich in meiner Kindheit nirgendwo explizit als Mädchen angesprochen worden bin. Auch an der Universität, würde ich sagen, hat man keine Unterschiede gemacht, selbst wenn ich bei solchen Sätzen stets ein wenig zögere, weil ich nicht sicher bin, ob mir die Unterschiede aufgefallen wären, ob ich sie hätte erkennen können, schließlich hatte mich ja lange Zeit niemand auf die Existenz zweier Welten aufmerksam gemacht.

Als ich das Frausein entdeckte, war das ein Schock für mich. Zu dieser Zeit – ich war bereits Mitte zwanzig – machte ich eine Reihe von Erfahrungen, bei denen ich mich mit älteren Frauen zu vergleichen begann. Frauen, die schon im Berufsleben standen, Karriere gemacht hatten oder nicht, eine Familie gegründet hatten oder nicht. Eine Frau zu sein trat mir dabei fast ausnahmslos als Einschränkung entgegen. Meine Entdeckung fiel in die Zeit, als ich Praktikantin in einer Zeitungsredaktion war. Dort überkam mich erstmals das Gefühl, irgendetwas stimme hier nicht. Dabei war diese Redaktion nur zufällig eine der ersten professionellen Institutionen, in die ich mich begeben hatte. Es ging dort völlig normal und nicht absonderlich zu. Nur ich selbst hatte mir lange Zeit Illusionen gemacht und die Zeichen, die doch schon immer da gewesen waren, nicht beachtet.

So dramatisch es klingen mag, aber die Entdeckung des Frauseins hat für mich eine ähnlich umstürzende Bedeutung wie der Mauerfall gehabt. Plötzlich war sie da, die neue, bisher unbekannte Wirklichkeit, die sich vor mir auftat und an der ich nicht mehr vorbeikam. In gewisser Weise gleicht diese Entdeckung der allmählichen Erfahrung, was es bedeutete, eine Ostdeutsche zu sein: Auch diese Identität trat als bestimmende und doch nachgeordnete Kategorie so spät in mein Leben, dass ich sie selbst immer als ein wenig künstlich empfand oder empfinden musste und die Spaltung in Deutsch und Ostdeutsch, Mensch und Frau stets als Zwang verstand. Jenes weibliche Bewusstsein würde die Welt wieder in ein Vorher und Nachher teilen, in eine unbewusste und eine bewusste Phase.

Das Leben meiner Eltern bewegte sich unterdessen immer weiter auseinander. Zwar hatten sie sich scheiden lassen, um von nun an getrennte Wege zu gehen, doch das war nicht alles. Gleichzeitig entfernten sie sich auch noch in einem anderem Sinn voneinander. Während nämlich der Weg meiner Mutter gerade verlief, sogar ein wenig aufwärts ging, führte der meines Vaters seit dem Mauerfall bergab.

Mein Vater hatte sich 1990 in den Kopf gesetzt, seine Existenz fortan selbst in die Hand zu nehmen. Er wollte sich nicht länger in vorgegebene Hierarchien einordnen. Das, fand er, hatte er lange genug getan. Im Gegenteil, er nahm an, während seiner Berufsjahre in der DDR ausreichend Erfahrungen gesammelt und Verantwortung übernommen zu haben, um sich auch auf dem freien Markt behaupten zu können. Er begann, sich Geschäftspartner im Westen zu suchen. Er wollte ein Joint Venture, wie das damals hieß, gründen und als Partner auf Augenhöhe wahrgenommen werden. Ab und zu wird er sogar davon geträumt haben, mit dem Know-how und der finanziellen Unterstützung der westdeutschen Unternehmer in größter Autonomie arbeiten und sein eigener Herr sein zu können. Schließlich glaubte er selber am besten zu wissen, wie es in Ostdeutschland in Zukunft laufen würde.

Ich erinnere mich noch gut an diese Zeit des Aufbruchs. Einmal nahm er mich zu einem Treffen mit möglichen neuen Geschäftspartnern mit. Wir mussten dafür nach Hessen, das damals nicht nur objektiv in einer anderen Welt lag, sondern mir auch sonst unendlich weit weg erschien. In den Morgenstunden brachen wir auf. Mein Vater fuhr nicht, wie zu erwarten gewesen wäre, mit unserem Lada, sondern mit dem Barkas, den er auch noch besaß. Aus irgendeinem Grund schien ihm der kleine Bus, der für Westdeutsche von ferne wahrscheinlich wie ein VW-Bus aussah und den in der DDR eigentlich niemand als Privat-Pkw benutzte (aber wie gesagt, mein Vater verhielt sich selten so wie andere) – aus irgendeinem Grund schien ihm also jener Bus das passende Fahrzeug für unsere Unternehmung zu sein. In seinen Augen symbolisierte es wahrscheinlich Unabhängigkeit, Engagement, Unternehmertum und sicherlich auch Status. Davon hatte ich damals keine Ahnung, aber im Nachhinein erkläre ich es mir so. Und mir scheint es, von heute aus betrachtet, völlig offensichtlich, dass auch die westdeutschen Geschäftspartner kaum in der Lage gewesen sein werden, das von meinem Vater subtil ausgelegte Netz von Zeichen zu erkennen. Ein Barkas dürfte ihnen nichts gesagt haben. Sie werden darin nicht viel mehr als einen weiteren Beweis für die Rückschrittlichkeit des Ostblocks gesehen haben. Aber so weit kam es gar nicht. Kurz vor dem Ziel, ich sehe die Tankstelle im Industriegebiet, an die wir uns retteten, noch vor mir, ging der Barkas in Flammen auf. Oder, ein bisschen genauer: Er drohte in Flammen aufzugehen. Es qualmte aus dem Motorraum. Wir mussten das Auto abstellen, den Qualm löschen und uns in Sicherheit bringen. Die lange Fahrt war für den kleinen Bus zu viel gewesen, und uns blieb nichts anderes übrig, als uns irgendwie bis zum Ziel durchzuschlagen.

An mehr erinnere ich mich nicht. Ich habe vergessen, in welchem Zustand wir bei unseren Gastgebern ankamen. Ich weiß auch nicht mehr, wie wir nach Leipzig zurückgekommen sind. Ich erinnere mich nur noch an den Qualm aus der Motorhaube und dass der Plan meines Vaters, den westdeutschen Geschäftsleuten auf Augenhöhe zu begegnen, vereitelt war. Mein Vater blieb in den Fängen des Sozialismus hängen, ob er wollte oder nicht.

Nicht alle seine Bemühungen gingen auf diese eindeutige Art ins Leere. Es gab viele Gründe, warum es mein Vater, um es einfach zu sagen, nicht geschafft hat. Er kam nicht mehr nach oben. Er wurde im Westen nicht mehr der, der zu sein er sich immer vorgestellt hatte. Die Parallelwelt, die er sich jahrzehntelang im Kopf erdachte, entpuppte sich in dem Moment, da aus ihr eine reale geworden war, als eine Illusion, weil sie für ihn keinen Platz bereithielt. Der Westen wollte meinen Vater nicht. Er konnte mit ihm und den Erfahrungen, die er aus der DDR mitbrachte, nichts anfangen. Zwar wurden die Hessen noch seine Partner, zwar übernahm er mit ihnen gemeinsam einen Teil seines ehemaligen Betriebs, aber es ging nicht lange gut, und die Geschäftsbeziehung zerbrach. Zu dieser Zeit wohnte mein Vater schon lange nicht mehr bei uns. Seit der Scheidung hatten wir nicht mehr viel Kontakt mit ihm. Er war so ganz mit seinem neuen Leben beschäftigt.

Für meine Mutter dagegen änderte sich nach dem Mauerfall äußerlich nicht viel. Wie eh und je fuhr sie jeden Morgen ins Chemiewerk. An brüchig gewordenen Biographien vorbei ging sie ins Labor, als wäre nichts gewesen, während viele der Kollegen und manche ihrer Freunde nur noch kamen, um ihren Arbeitsplatz abzureißen. Die ehemaligen Werktätigen wurden eingesetzt, die veralteten Chemieanlagen zu demontieren und auf den Müll zu werfen. Von 7200 Arbeitern wurden 500 weiterbeschäftigt. Meine Mutter gehörte dazu. Sie fuhr auch dann noch an den großen Abraumgruben des Tagebaus vorbei, als aus ihnen längst Naherholungsgebiete geworden waren.

Erst nach dem Mauerfall machte meine Mutter so etwas wie eine Karriere: Im Werk wurde sie zur Vertrauensperson gewählt. Darüber hat sie sich sehr gefreut. Meine Mutter, die in der DDR stets versucht hatte, nicht aufzufallen und sich politisch nicht engagieren zu müssen, die die gesamten achtziger Jahre hindurch bei jeder Wahl die Liste mit den Kandidaten der SED durchgestrichen hatte, die mit mir nicht nur zu den Montagsdemonstrationen gegangen war, sondern auch das erste Konzert von Wolf Biermann nach dessen Ausbürgerung besucht hatte, machte einfach nach bestem Wissen und Gewissen weiter wie bisher. Sie wirkte weder stoisch noch auf den ersten Blick prinzipienfest. Sie blieb den Dingen einfach weiter zugewandt. Ich kann meine Mutter dabei im Gegensatz zu meinem Vater nur schwer beschreiben. Über sie, die stets Anwesende, fallen mir keine Geschichten ein, und es gibt kaum Anekdoten über sie.

Daher bleibt es ein paradoxer Zustand: Ich bilde mir ein, dass das Abwesende mich stärker geprägt als das Anwesende. Ich spüre es häufiger; es wirkt nachhaltiger auf mich. Während mir das Weibliche stets als das Anwesende, das Verlässliche begegnet ist, als etwas, das den Dingen Inhalt gab und Kontinuität versprach, weil es sich selbst treu und damit unabhängig blieb, war das Männliche das Abwesende, die negative Passform. Der Absturz meines Vaters, der kein Absturz im dramatischen Sinn, sondern eher ein sozialer Statusverlust war, weil mein Vater seinen eigenen, jahrelang erträumten Maßstäben in dem Moment, da es sie umzusetzen galt, nicht gerecht werden konnte, hat sich mir tief eingeprägt.

Die Wende hat meine Familie auseinandergerissen. Wir wurden auf verschiedene Pfade gesetzt, sodass ich mir manchmal vorstelle, ich könnte jeden Einzelnen von uns ausgestellt wie auf einem Tableau betrachten. Was uns seitdem widerfahren ist, macht mich oft glücklich, in anderen Momenten wiederum jagt es mir Angst ein.

Geld.
Über Unsicherheit

Mein Vater und seine fünf Geschwister konnten sich nicht einigen, wie das Erbe ihrer Eltern aufzuteilen sei, deshalb wurde die Angelegenheit vor einem Gericht geregelt. Seit das Urteil gesprochen ist, haben die Geschwister keinen Kontakt mehr. Ich habe, als ich 18 Jahre alt und also volljährig wurde, einen Anwalt aufgesucht, der dem Anwalt meines Vaters einen Brief schrieb, um anzukündigen, dass ich Klage einreichen würde, falls mein Vater sich weiterhin weigerte, mir Unterhalt in dem Umfang zu zahlen, den das Familienrecht für angemessen erachtete. Meine Großmutter mütterlicherseits und mein Vater klärten vor Gericht, ob das Geld, das sie meinen Eltern geliehen hatte, damit diese ein Haus bauen konnten, von meinem Vater auch noch zurückgezahlt werden müsse, nachdem meine Eltern sich getrennt hatten.

Spricht man über Geld, spricht man über etwas anderes. Geld ist ein Symbol, ein wiederkehrendes Motiv in einer Geschichte, die von etwas anderem handelt als vom Geld. Spricht man über Geld, spricht man über Geben und Nehmen, über Gewinnen und Verlieren, über Mut und über Angst.

Geld, dachte ich lange, würde mir helfen, meine Unsicherheit zu überwinden. Geld würde mich beschützen vor dem kalten Blick, den ich auf mich selbst hatte. Was ich aber eigentlich überwinden musste, war nicht die Unsicherheit selbst, sondern das Gefühl, aus dem sie entstanden war: das Gefühl emotionaler Abhängigkeit, das, wie ich annehme, ein weibliches ist.

Am Abend, an dem ich Alain kennenlernte, trug er einen dunkelgrauen, schmal geschnittenen Anzug, zwei Knöpfe des Hemdes waren geöffnet. Er rauchte blaue *Dunhill International*, hatte eine große, gerade Nase, Augen wie zwei dunkle, blanke Steine und war dreißig Jahre älter als ich. Ich war nach Paris gekommen, um ein Praktikum in einer kulturellen Einrichtung zu machen, deren Sinn mir nicht ganz klar war. Aber es hatte etwas mit Büchern und Literatur zu tun, und da es das war, was ich, Studentin der Germanistik an der Humboldt-Universität zu Berlin, wollte, unterschrieb ich einen Vertrag für ein Jahr. Außerdem bekam die Institution Zuschüsse vom französischen Staat in gewaltiger Höhe, was bedeutete, dass ich ein festes Gehalt bekam. Nicht viel, aber ich konnte mir das ein oder andere Paar Schuhe leisten und eine kleine Wohnung, ein ehemaliges Dienstbotenzimmer, unter dem Dach eines der Haussmann'schen Häuser in der Rue de Rennes.

An jenem Abend kam Alain zu dem Empfang, den meine Abteilung anlässlich der Pariser Buchmesse gab. Zu Beginn waren der Premierminister und die Kulturministerin da gewesen, sie hatten freundlich gelächelt, Hände geschüttelt und waren nach zehn Minuten wieder gegangen. Es wurden Champagner und *petits fours* gereicht. In Frankreich, das begriff ich schnell, verfügten kulturelle Einrichtungen über größere Budgets und legten Intellektuelle Wert auf ihr

Äußeres. Ob ich ein Glas mit ihm trinke, fragte Alain. Er winkte eines der Mädchen vom Catering herbei und nahm zwei Gläser vom Tablett. Eins reichte er mir und sah mich an.

Zwei Wochen darauf trafen wir uns zum Mittagessen, weil er mich kurze Zeit nach dem Empfang in meinem Büro angerufen und sich zu mir hatte durchstellen lassen. Er holte mich ab, und wir gingen in der Nähe in ein kleines, altmodisch wirkendes Restaurant, wo die höheren Angestellten der Umgebung von Porzellan mit zierlichem Blumenmuster zu Mittag aßen. Alain bestellte Fisch und Wein, ich einen Salat und stilles Wasser. Er lachte und sagte, finanziell würde er sicher besser dastehen, wenn er sein Leben lang nur protestantisch erzogene Mädchen aus Deutschland ausgeführt hätte.

Später begleitete er mich zurück zu meinem Büro. Weil die Sonne schien, gingen wir einen kleinen Umweg durch den *Jardin du Luxembourg*. Wir kamen am Medici-Brunnen und den alten Sportanlagen vorbei, wo heute noch die Meisterschaften im *Jeu de Paume* ausgetragen werden, dem Vorläufer des Tennisspiels. Rilke sei oft hier spazieren gegangen, sagte Alain, und eines seiner Gedichte heiße wie der Park. Ich kannte das Gedicht, aber ich sagte nichts, denn ich mochte die Idee, dass Alain mir die Dinge erklärte, seine Geste, mir etwas beibringen zu wollen. Dann würde er auch in anderen Situationen die Verantwortung für mich übernehmen, stellte ich mir vor. In Berlin waren meine Begegnungen mit Männern kurz und unverbindlich gewesen, dort waren wir derart mit uns selbst beschäftigt, dass wir nicht darüber nachdachten, was es bedeuten könnte, für jemand anderen Verantwortung zu übernehmen. Doch jetzt, hier im *Jardin du Luxembourg*, gefiel mir die Vorstellung, dass jemand auf mich achtgab.

Beim Abschied, unten auf der Straße vor meinem Büro, nahm Alain meine Hand, hielt sie fest und fragte, ob er mich wieder anrufen dürfe. Am Abend telefonierte ich mit meiner Freundin Kathrin in Berlin. Sie wollte wissen, ob Alain verheiratet war, und ich erzählte, dass seine Frau vor ein paar Monaten mit den Kindern ausgezogen war. Kathrin sagte nicht mehr viel, und ich merkte, dass ihr die Sache mit Alain komisch vorkam. Mir selbst kam die Sache mit Alain auch ein bisschen komisch vor. Schließlich hatte ich mich bisher hauptsächlich mit Männern getroffen, die noch studierten oder als Hilfskraft beim Film jobbten oder gerade mit dem Geld ihrer Eltern ein Ein-Mann-Softwareunternehmen gegründet hatten. Alain unterschied sich von ihnen aber nicht nur durch sein Alter, sondern vor allem dadurch, dass es ihm offenbar nichts ausmachte, wenn ich seine Zuneigung spürte. Im Gegenteil, er schien sogar zu wollen, dass ich sie spürte. Die Männer, die ich bisher gekannt hatte, wären eher gestorben, als zuzugeben, dass sie die Frau, mit der sie beispielsweise die Nacht verbracht hatten, auch ganz nett fanden.

Nach unserem Mittagessen hoffte ich, dass Alain sich melden würde. Ich beherrschte die Kunst des Wartens, des Schweigens: Nie hätte ich einen Mann angerufen, wenn er sagte, *er* würde sich melden. Überhaupt hätte ich nichts getan, woraus der Mann, den ich traf, hätte schließen können, dass mir etwas an ihm lag. Ich gab mir den Anschein, Wichtigeres vorzuhaben, als ihn zu sehen. Immer machte ich deutlich, dass mir das mit uns zwar gefiel, ich Vergleichbares aber schon oft erlebt hatte. Ich verstieß nicht gegen die Regeln, die eine Affäre organisierten, denn das hätte bedeutet, dass ich etwas *Echtes* empfand, ein wirkliches *Gefühl*, das sich nicht um Regeln kümmert. Ich wollte um jeden Preis souverän erscheinen, weil ich alles andere als souverän war. Das Gefühl, das ich verbarg, das aber alles beherrschte, war nichts als eine tiefe Unsicherheit gegenüber anderen und dem Leben allgemein. Das klingt, als wäre ich unglücklich gewesen oder vielleicht ein bisschen depressiv. Das war gar nicht der Fall. Aber ich beurteilte alles, was ich tat und dachte, mein Aussehen und meinen Geschmack, mit äußerster Hartherzigkeit und mit ständigem Missfallen, wie ich es sonst keiner anderen Person gegenüber empfand.

Doch Alain ließ mich nicht warten. Wir aßen ein paar Tage später in dem Thai-Restaurant, das Karl Lagerfeld sein Lieblingsrestaurant nennt, und tranken danach Whiskey im *Ritz*. Komm, sagte Alain irgendwann, gehen wir, und er beugte sich zu mir herüber und legte seine Wange an meine. Er ließ mich seinen Wagen fahren, einen riesigen schwarzen Mercedes, und als ich viel zu schnell über die Place de la Concorde fuhr, dachte ich kurz an Lady Diana. Alain wohnte in der Nähe des Invalidendoms, in einer Seitenstraße, in der tagsüber die portugiesischen Concierges den Bürgersteig kehrten und schwarze Kindermädchen mit blonden Jungen an der Hand zum Spielplatz auf den Champs de Mars gingen. Als wir vor seinem Haus parkten, war es still, wie es nachts nur in wohlhabenden Gegenden großer Städte still ist. In seiner Wohnung waren die Decken fast vier Meter hoch, die Fenster reichten bis auf den Parkettboden. In jedem Zimmer war ein Kamin aus hellem Stein, über dem ein fast schon blinder Spiegel in einem Goldrahmen hing. Die Wohnung war großzügig und weitläufig, und vielleicht wäre sie auch elegant gewesen, wenn nicht überall Zeitungen, Bücher, Kleidung, die Plastikspielfiguren von Alains Kindern, DVDs und Zigarettenschachteln herumgelegen hätten. Die Kinder hatten Sticker von *Sponge Bob* an die Schranktüren und das Louis-XVI-Schreibpult geklebt. Obwohl es fast Sommer war, standen im Wohnzimmer noch die hölzernen Krippenfiguren und beteten zum Jesuskind.

Später mochte ich die vielen kleinen Dinge, die bei Alain immer herumlagen: die venezianische Maske aus Pappe, die über der Stehlampe hing, das Plastikflugzeug von Air France im Badezimmerregal zwischen dem Rasierschaum und dem Haarwachs, das rote Windrad im Blumenkasten vor dem Fenster. Diese Dinge dienten nicht dazu, die Wohnung einzurichten oder zu verschönern, sie hatten eigentlich gar keinen Zweck. Sie sammeln sich einfach in einer Wohnung an, wenn man lange genug dortbleibt, und ich mochte sie, weil sie mir eine Vorstellung davon gaben, wie es aussah, an einem Ort zu Hause zu sein. Alain und ich saßen an jenem ersten Abend auf dem abgewetzten roten Sofa und aßen Schokoladenkuchen, und er erzählte von seinem Sohn, der fünf Jahre alt war. Er hatte dem Kind einen Kosenamen gegeben, ein gurrendes Wort mit dunklen Vokalen, was mich so rührte, dass ich nur stumm auf die Vase mit dem riesigen Strauß Freesien sehen konnte, die auf dem kleinen Tisch neben dem Sofa stand.

Ich blieb in keiner meiner Berliner Wohnungen länger als ein Jahr. Immer zog ich vorher um – weil ich einen befristeten Untermietvertrag hatte, weil mir das Viertel nicht mehr gefiel, weil ich nach Paris ging. Deshalb machte ich mir gar nicht erst die Mühe, mich einzurichten. Von den Zimmerdecken hingen Glühbirnen, statt Bilder aufzuhängen, klebte ich mit Tesafilm Postkarten an die Wand; meine Bücher stapelte ich auf dem Boden. Mein Hausstand passte in einen Kleintransporter. Ich war nicht die Einzige, die so lebte. In einer Wohnung, in der ich einmal eine Nacht verbracht habe, lehnte im Schlafzimmer gegenüber vom Bett ein Mountainbike an der Wand, sodass ich den Eindruck bekommen konnte, ich säße in einem Straßencafé. Es gab keine Vorhänge, und stattdessen waren Bettlaken über den Fensterrahmen geworfen worden. Dort, wo andere im Bad einen Spiegel anbrachten, ragten Kabel aus einem Loch in den Kacheln. Alles war wie bei mir, wohin ich am nächsten Morgen zurückkehren würde.

Die unverbindliche Art unseres Wohnens entsprach der Oberflächlichkeit unserer Liebesbeziehungen. In Berlin herrschte Aufbruchstimmung. Alle waren auf der Suche nach neuen Formen zu wohnen, zu arbeiten und zu lieben. Mir gefiel diese Stimmung, auch wenn sie mir oft Angst machte. Manchmal kam ich abends nach Hause, setzte mich an meinen Schreibtisch, weil dies neben den Stühlen am Küchentisch, wo noch die Müslischale vom Frühstück stand, der einzige Platz zum Sitzen war. Die nackte Glühbirne an der Zimmerdecke leuchtete die weißen Wände aus, und ich sehnte mich nach alten Formen, nach richtigen Möbeln, nach schweren Lampenschirmen, nach Bilderrahmen, die in die Wand gedübelt werden, nach Ordnung und Vorhersehbarkeit, nach Verlässlichkeit.

Dass Alain ein Mann war, auf den ich mich verlassen konnte, spürte ich, als ich irgendwann in der Nacht aufwachte. Alain lag schlafend neben mir, er atmete leise, und ich dachte, dass vielleicht alles in Ordnung kommen würde. Ich hörte seinen Atem und den Wind in den Platanen draußen vor dem Fenster und hatte ein Gefühl von Zuversicht und Sicherheit – das Gefühl, dass nun alles im Überfluss da wäre, was vorher gefehlt hatte, dass eine Sehnsucht sich erfüllt hatte. Dass es sich so anfühlen musste, wenn man wirklich verliebt war.

Wir fanden für unser Zusammensein schnell einen Rhythmus, der so einleuchtend war, dass wir nicht darüber zu sprechen brauchten. Meistens rief Alain mich um dieselbe Zeit an, abends, wenn er nach Hause kam. Sein Tagesablauf war nicht unbedingt eintönig, aber strukturiert, sodass ich immer wusste, was er gerade tat oder wo er sich aufhielt. Er hatte nicht weit der Champs-Élysées eine Rechtsanwaltskanzlei, spezialisiert auf Urheberrecht. Nach der Arbeit traf er Mandanten, oder er joggte im Parc Monceau. Mittwochs holte er seinen Sohn von der Schule ab und ging mit ihm in den Zoo oder ins Kino oder zu McDonald's. Die oberste Regel, die in Berlin gegolten hatte, die nämlich, sich dem anderen zu entziehen, befolgte Alain nicht. Er war auf eine Weise für mich erreichbar, wie noch nie ein Mann für mich erreichbar gewesen war.

Manchmal gingen wir in die traditionellen französischen Restaurants, in denen auf der Speisekarte, die den weiblichen Gästen gereicht wurde, keine Preise angegeben waren. Ich war dort immer die Jüngste; nur der rangniedrigste Kellner, der nicht servieren und bloß die Tische abräumen durfte, war in meinem Alter. Ich mochte die Förmlichkeit, auf die man in Paris noch achtete, während sie in Berlin jeder für überflüssig hielt. Die Dinge waren übersichtlich geordnet. Hierarchien wurden eingehalten. Männer zahlten für Frauen das Essen. Jeder hatte seinen Platz, den diese Ordnung ihm zuwies. Das Angestaubte, Altmodische war es, was mir an der Stadt gefiel. Von den Unwägbarkeiten, die in Berlin alles zu bestimmen schienen, war in Paris nichts zu spüren. Hier wollte sich niemand neu erfinden, hier sollte alles so bleiben, wie es war. Wenn Alain und ich für ein Wochenende nach Berlin flogen, wurde deutlich, wie mein Leben sich von dem meiner Freunde, die dortgeblieben waren, unterschied. Wir gingen dann ins *Borchardt*, ich zeigte ihm die Promis, die dort saßen, aber er kannte sie nicht, und er fand auch die Austern zu klein. Es gefiel mir, dass das *Borchardt* in Alains Augen eine gewöhnliche Brasserie war, in der man während des Essens laut sprach und rauchte und die es im 6. Arrondissement an jeder Ecke gab. Berlin repräsentierte für mich die Unbestimmtheit und Unübersichtlichkeit meines Lebens und war für Alain nichts anderes als eine große, aber unbedeutende Stadt nahe der polnischen Grenze.

Einmal kam Kathrin mit. Sie erzählte, dass der Mann, den sie seit zwei Wochen kannte und den sie mochte, sich schon seit drei Tagen nicht mehr gemeldet hätte. Nun wusste sie nicht, ob sie ins *Rio* gehen sollte, um nach ihm zu suchen, ohne dass er es merken würde, oder ob sie das Ganze einfach vergaß, weil er offenbar nicht an ihr interessiert war. Kathrin saß blass und traurig vor uns. Sie rauchte eine Zigarette nach der anderen und trank zu viel Sancerre, während ich dachte, dass ich erleichtert war, mir keine Gedanken mehr machen zu müssen, ob Männer, die ich aus dem *Rio* kannte, mich anriefen oder nicht.

Männer in Berlin äußerten sich missverständlich. Sie verhielten sich widersprüchlich. Einer hatte unser Verhältnis beendet, indem er aufhörte mich anzurufen und auf meine Anrufe nicht mehr reagierte. Ein halbes Jahr später schickte er mir nachts, es war die Silvesternacht, eine SMS, in der er schrieb, dass er mich vermisse wie noch keine Frau zuvor. Ein anderer, von dem ich angenommen hatte, dass er nicht viel von mir hielt, da er mich regelmäßig versetzte, schenkte mir eines Tages ein Mobile, das er auf dem Flohmarkt gekauft und aufwendig hatte wiederherstellen lassen. Dieses Mobile sei Symbol für unser Verhältnis, sagte er und war gekränkt, als ich nicht verstand, was er damit meinte. Die Berliner Männer waren in einem Moment schweigsam und verschlossen, und schon im nächsten konnten sie empfindlich und zart sein und verlangen, dass man ihnen zuhörte. Ich verstand sie nicht und wusste nicht, was sie eigentlich wollten, und nun war ich froh, mir diese Fragen nicht mehr stellen zu müssen.

Ich kam nicht auf die Idee, dass die Männer einfach genauso sein könnten wie ich: dass sie auf meine Unbeständigkeit und Unsicherheit mit derselben Unbeständigkeit und Unsicherheit antworteten. Für derlei Einsichten war ich nicht selbstbewusst genug. Lieber hielt ich mich an alte Rollenbilder. Darin war ein Mann eine feste Größe, auf die ich zählen konnte. Der Mann, mit dem ich zusammen war, besaß im Gegensatz zu mir Geld, hatte beruflichen Erfolg und war mehr als doppelt so alt. Im Gegensatz zu mir zweifelte er nicht ständig an sich und seinen Fähigkeiten. Er hatte längst gefunden, was ich noch suchte, und ich brauchte seine Ruhe, die Regelmäßigkeit seines Lebens, weil ich glaubte, von meinem eigenen überfordert zu sein.

Allerdings wollte es mir auch in Paris nicht gelingen, einen Blick auf meine eigene Person zu haben, der nachsichtig, geschweige denn anerkennend gewesen wäre. Konnte ich in einem Gespräch den Gesichtsausdruck meines Gegenübers nicht sofort einordnen, fragte ich mich, ob ich wohl etwas Falsches gesagt hatte. War ich zu einem Abendessen eingeladen, zu dem man etwas zu trinken mitbringen sollte, kaufte ich grundsätzlich einen sehr teuren Wein, weil ich Angst hatte, man könne mich für geizig halten, obwohl nie jemand auch nur eine Andeutung in diese Richtung gemacht hatte. Ich begann meine Sätze häufig mit dem Hinweis, dass ich von dem Thema, um das es ging, im Grunde keine Ahnung hätte. Ich zweifelte an meinen Entscheidungen, egal, ob es sich um die wichtigen handelte wie die, ob ich noch ein halbes Jahr länger in Paris bleiben wollte, oder um die weniger wichtigen wie die, welche Rocklänge mir stand.

Manchmal gab mir Alain seine Kreditkarte, deren Verfügungsrahmen im Gegensatz zu meiner nie erschöpft war. Der Umstand, dass Alain Geld hatte, beruhigte mich, auch wenn ich mir mit seinem Geld nur Dinge kaufte, die für sich genommen nichts Beruhigendes hatten. Ich kaufte mir Handtaschen, die so viel kosteten, wie ich in zwei Monaten

Miete zahlte, dazu Cremes und Parfüms, Jeans, Duftkerzen, die nach Feige rochen, Haarspangen, Portemonnaies, Unterwäsche aus Seide und Schuhe. Ich besaß bald dreißig Paar – mit ganz flachen Absätzen oder ganz hohen. Denn inzwischen hatte ich bestimmte modische Grundsätze entwickelt, die ich heute nicht mehr richtig nachvollziehen kann, die mir aber damals völlig einleuchtend erschienen. Dazu gehörte es beispielsweise, mittelhohe Absätze zu verabscheuen. Doch auch, wenn ich bald von allem zu viel besaß, fand ich immer, dass die anderen Frauen, denen ich in den Läden begegnete, eleganter, charmanter und origineller wirkten als ich.

Mit sechzehn hatte ich zwei dicke Wollpullover übereinander getragen und darüber ein Jeanshemd. Manchmal färbte ich meine Haare mit einem Mittel aus dem Drogeriemarkt, doch es wurde nie so, wie ich es mir vorstellte. Die Idee, zu einem Friseur zu gehen, kam mir nicht. Ich wohnte nicht mehr in Paris und war schon lange nicht mehr dort gewesen, als ich in einem Buch der amerikanischen Schriftstellerin Joan Didion las, dass es wichtig sei, die Bekanntschaft mit den Leuten zu pflegen, die wir einmal gewesen sind – mögen wir sie für eine nette Gesellschaft halten oder nicht. Sonst, hieß es, tauchen sie unangemeldet auf und überraschen uns. Das Mädchen in den zwei Wollpullovern mit der seltsamen Haarfarbe wich auch in Paris nicht von meiner Seite. Sie verfolgte mich, wenn ich, eine große Sonnenbrille im Gesicht, eine Handtasche aus Kalbsleder am Arm, die Absätze der Stiefel elf Zentimeter hoch, durch die Straßen und in die Geschäfte ging. Jedes Mal, wenn ich etwas kaufte, wenn ich den Verkäuferinnen Alains Kreditkarte reichte und sie mir ihr exklusives Lächeln schenkten, wünschte ich mir, das Mädchen, das ich einmal gewesen war, wäre verschwunden. Doch wenig später tauchte sie wieder auf, wenn ich im *Café Marly* eine *Marguerita* trank. Sie saß mit gebeugten Schultern am Cafétisch, einen unförmigen Wollmantel neben sich über der Stuhllehne.

Ich fragte mich nicht, warum dieses unbeholfene Mädchen überhaupt noch von Bedeutung für mich war, warum sie mich noch derart verunsichern konnte. Mit sechzehn Jahren sind schließlich die wenigsten wirklich stilsicher, ich trug schon längst keine Jeanshemden mehr, und außerdem hatte das Jeanshemd ja durchaus den damaligen Trends entsprochen, zumindest denen an meiner Schule. Doch ich verstand eben nicht, dass ich meine Unsicherheit nur überwinden würde, indem ich meinen Blick auf die eigene Person änderte – und nicht, indem ich mich ständig bemühte, diesem ungnädigen Blick zu genügen. Ich verstand nicht, dass meine Unsicherheit ein Wahrnehmungsmodus war, als sähe ich durch falsch geschliffene Brillengläser, durch die das Sichtfeld sich verzerrt.

Und ich erkannte das Muster nicht. Ich bemerkte nicht, dass viele Frauen einen verzerrten Blick auf sich haben. Ich hätte dieses Muster erkennen können, als ich in einer Zeitschrift las, dass Cameron Diaz ihre Zehen nicht schön findet. Oder als ich in einer anderen Zeitschrift erfuhr, dass Eva Padberg glaube, ihre Nase sei zu groß, und das Supermodel Julia Stegner ihren Mund nicht möge, weil er schief sei. Aber der Sinn dieser Äußerungen wollte mir nicht aufgehen: dass Frauen sich offenbar auch dann ihrer Sache nicht sicher sind, wenn sie damit Erfolg haben. Dass es offenbar für viele Frauen dazugehört, immer und überall, selbst in der Öffentlichkeit, ihre Schwächen und Makel zu thematisieren. Schönheit ist dabei nur ein Aspekt. Weibliche Unsicherheit betrifft alle Bereiche: den beruflichen wie den privaten, die äußere Erscheinung, Freundschaften, Liebesbeziehungen, die Einstellung zu sich selbst, das Auftreten gegenüber anderen.

Einmal besuchte mich mein Freund Kai in Paris, den ich schon lange und noch aus Berlin kannte. Wir sahen uns nicht oft, da er inzwischen in Hongkong wohnte. Er hatte bei einem dieser großen deutschen Unternehmen Karriere gemacht, die ihre Mitarbeiter auf Posten in der ganzen Welt schicken. Er sagte, er habe jetzt einen eigenen Chauffeur, was ich lustig fand, weil ich mich an den lila Opel Kadett erinnerte, den er früher gefahren war. Er erzählte von seiner Freundin, die er bald heiraten würde und die an der internationalen Schule in Hongkong Deutsch und Kunst unterrichtete. Er sagte, dass sie ihren Beruf eigentlich ganz gern mochte, auch wenn sie manchmal von den Schülern, lauter Diplomaten- und Managerkindern, genervt war, die sich benähmen, als wäre sie eine ihrer zahlreichen Hausangestellten. Dann erinnere sie sich daran, dass sie eigentlich nie Lehrerin hatte werden wollen, ihre wahre Liebe Italien galt und sie eigentlich immer italienische Romane ins Deutsche hatte übersetzen wollen. Doch jetzt werde sie verbeamtet, da wolle sie nicht kurz vorher aussteigen. Sie hat ein Talent für Sprachen, sagte Kai. Aber ihr Frauen, fügte er hinzu, ihr traut euch einfach nichts zu. Immer seid ihr so vorsichtig. Erst kürzlich habe er gelesen, dass die Mehrzahl derer, die Antidepressiva oder andere Psychopharmaka nehmen, weiblich seien. Nach diesem Satz sah er mich herausfordernd an, als hätte er eine Provokation ausgesprochen. Anscheinend teilte er mir nicht einfach die Ergebnisse einer Statistik mit. Was er sagte, war: Frauen sind überfordert mit ihrer neuen Freiheit, denn offensichtlich sind sie für so ein Leben nicht gemacht.

Wir saßen an einem der Tische, die die Bar am Canal Saint Martin auf den Bürgersteig gestellt hatte. Die Luft war mild, es würde einer der letzten warmen Abende des Jahres sein, und ich wollte uns die Stimmung nicht verderben. Doch eigentlich ärgerte mich, was Kai gesagt hatte. Ich hielt seine Annahme für ein Vorurteil. Noch mehr ärgerte mich, dass ich es in gewisser Weise zu bestätigen schien. Nicht dass ich Antidepressiva genommen hätte, doch das Gefühl, überfordert zu sein, die Angst, bestimmten Ansprüchen nicht zu genügen, kannte ich gut. Es irritierte mich, dass ich offenbar einem Muster entsprach und meine persönlichen Empfindungen einem allgemeinen Gesetz folgten.

Als ich später am Abend nach Hause kam, fand ich im Internet Zahlen, die bestätigten, was Kai gesagt hatte. Der Großteil der verschriebenen Psychopharmaka ging tatsächlich an weibliche Patienten. Diese Ergebnisse allerdings, las ich wiederum in anderen Texten, waren dem Umstand geschuldet, dass Frauen ihre psychischen Erkrankungen therapieren ließen und deshalb überhaupt in den entsprechenden Statistiken auftauchten. Männer neigten dazu, depressive oder psychotische Symptome selbst dann noch zu leugnen, wenn ihr Leben dadurch bereits stark beeinträchtigt würde.

Offenbar sind Frauen geübter darin, ihre Sorgen und Probleme, ihre Verletzlichkeit anzusprechen. Sie reden über ihre Empfindungen, mit ihren Freundinnen, vielleicht mit der Mutter, mit der Schwester und eben mit einem Therapeuten. Ihre gesellschaftliche Rolle, die weibliche, verzeiht ihnen ihre Schwäche. Frauen können es sich erlauben, unsicher zu sein. Und vielleicht, dachte ich, als ich nachts um zwei Uhr den Computer zuklappte und das Licht an meinem Schreibtisch löschte, verzeiht die weibliche Rolle Unsicherheit nicht nur, vielleicht fordert sie sie sogar.

Dennoch nehmen die meisten Frauen ihren Mangel an Selbstbewusstsein oft als fast intimes Gefühl wahr. Der Blick auf die eigene Person ist ausgiebig, man kennt jedes Detail, jede Nuance, sodass man glaubt, alle Bedürfnisse, Ängste, Widerstände seien einzigartig. Es ist bisweilen schwer zu begreifen, dass das eigene Lebensgefühl nichts allein Subjektives ist. Ich selbst kam nicht auf die Idee, dass meine Selbstzweifel mehr sein könnten als ein persönliches Thema. Und dass man mir beigebracht hatte, sie wahrzunehmen und entsprechend zu handeln, so wie man Männern beigebracht hatte, keine Unsicherheit zu verspüren oder, falls doch, nicht auf sie zu hören und sie schon gar nicht zu thematisieren.

Unsicherheit gehört als wesentliches Merkmal zur weiblichen Rolle, und es handelt sich somit um mehr als um eine individuelle Eigenschaft.

Eine Rolle ist ein Bild, das uns zunächst wie ein Selbstbild erscheint und das wir bei allen Entscheidungen, die wir treffen, vor Augen haben. Nur wenn wir genau hinsehen, fällt uns auf, dass der Anspruch, den wir meinen, selbst entwickelt zu haben, nichts anderes ist als ein allgemeiner. Mitgefühl, Umsicht, Sorgfalt, Zurückhaltung sind Qualitäten, die Frauen beigebracht werden. Sie sollen die Organisatorinnen der Gemeinschaft sein, sie sollen vermitteln in einem Netz aus Beziehungen. Sie sammeln im Büro Geld für das Abschiedsgeschenk der Kollegin, sie gehen mit der Tochter ihres neuen Freundes ins Kindertheater, sie füttern die Katzen der Nachbarin, sie besuchen ihre kranke Mutter. Frauen sollen, und folglich wollen sie es auch, für andere da sein. Sie sollen die Brücken bauen über die Gräben, die entstehen, wenn Männer die großen gesellschaftlichen Aufgaben angehen. Oder wie Frank Schirrmacher es formuliert hat: Männer erforschen unbekannte Wege. Frauen zünden das Feuer an, um den Weg nach Hause zu weisen. Während Durchsetzungsvermögen und Eigenständigkeit als männliche Tugenden gelten, denken Frauen, sie seien von der Beurteilung derer, die sie umgeben, abhängig. Die Kollegen, die Nachbarin, der neue Freund, die Mutter, man möchte es ihnen recht machen, sie sollen auf keinen Fall enttäuscht sein. Unsicherheit ist die Nebenwirkung. Sie ist das Ohnmachtsgefühl, das diese emotionale Abhängigkeit begleitet.

Mein Freund Kai aus Hongkong glaubt, dass Frauen eben einfach so sind: zaghaft, schüchtern, ohne Mut zum Risiko. Von Natur aus sozusagen. Und er übersieht dabei, dass weibliche Unsicherheit ein gesellschaftlich kalkuliertes Lebensgefühl ist, dass Frauen, die selbstbewusst sind und eine individualistische Biographie planen, in der beispielsweise Ehe oder die Familie, die Pflege alter Eltern oder die Erziehung von Kindern nur eine nachrangige Rolle spielen, dass solche Frauen sozial nicht unbedingt erwünscht sind.

Alte Vorurteile bestätigen sich, so wie ich das Vorurteil bestätigte. Traditionelle Rollenverteilungen scheinen sinnvoll, so wie die Rollenverteilung zwischen Alain und mir sinnvoll schien.

Seit drei Jahren habe ich Alain nicht mehr gesehen. Kurz bevor ich ihn verließ, schenkte er mir die Gesammelten Werke von François Mauriac, dem Lieblingsschriftsteller von Charles de Gaulle. In einer ledergebundenen Ausgabe der *Pléiade*, die mir mein Vater, hätte ich ein anderes Verhältnis zu ihm gehabt, vielleicht zum Abitur geschenkt hätte. Möglicherweise ahnte Alain, dass ich ihn wenig später verlassen würde, und fand, dass es nun, da ich so erwachsen war, mich von ihm zu trennen, an der Zeit sei, Mauriac zu lesen. Ich weiß es nicht, und ich kann auch nicht viel über das Ende der Geschichte mit Alain und mir sagen. Eines Tages war sie einfach vorbei. Die Gründe, aus denen wir zusammen waren, waren die gleichen wie die, aus denen wir uns trennten, und vielleicht ist es ja immer so. Irgendwann bin ich nach Berlin zurückgegangen. Die Ahnung, dass ich etwas Wesentliches ausließ, wenn ich in Paris mit Alain zusammenblieb, dass ich mich selbst beschränkte, wurde allmählich zu einem Gedanken, den ich Alain mitteilte, als ich ihn schließlich in Worte fassen konnte. Er reagierte anders, als ich es von ihm erwartet hatte, so viel kann ich sagen, aber das ist eine andere Geschichte. Wir sprechen heute nicht mehr miteinander, und eigentlich finde ich das in Ordnung. Es muss Dinge geben, die man hinter sich lässt. Nur manchmal werde ich traurig, weil sich deutlich zeigt, dass es nichts Freundschaftliches zwischen Alain und mir gegeben hat. Wir konnten nur als Paar zusammen sein und finden deshalb keinen Umgang mehr miteinander. Als hätte unsere Verbindung nur aus falschen Gründen bestanden. Als hätte unsere Verbindung allein auf unseren Fehlern beruht und wäre zerbrochen, sobald wir unsere Fehler erkannten.

Vor kurzem habe ich das Buch eines Wirtschaftsjournalisten vom *Wall Street Journal* gelesen. Robert Frank trifft sich mit Menschen, die so reich sind wie eigentlich nur Könige in Kindermärchen, und erzählt in seinem Buch, wie es sich mit so viel Geld lebt. Diese Superreichen machen alles anders als wir, die wir kein Vermögen von mehr als hundert Millionen Dollar haben, und manchmal kam es Robert Frank so vor, als reiste er in ein fremdes, fernes Land, wenn er sie zu Wohltätigkeitsveranstaltungen und Yachtausstellungen begleitete. Deshalb hat er sein Buch *Richistan* genannt. Er fragt die Superreichen, die oft aus der Mittelschicht kommen und ihr Vermögen dank einer ungewöhnlichen Geschäftsidee erlangt haben, wie viel Geld sie benötigten, um sorgenfrei und zufrieden zu sein. Die Antwort ist immer die gleiche: Hätte ich doppelt so viel, wie ich habe, wäre ich glücklich.

Spricht man über Geld, spricht man über etwas anderes.

Als ich mit Alain zusammen war, hatte ich deutlich mehr als doppelt so viel Geld wie vorher zur Verfügung. Heute kaufe ich meine Duftkerzen bei *Habitat*. Da sie nicht nach Feige riechen, sondern nur nach Duftkerze, zünde ich sie eigentlich nie an. Neulich habe ich eine Jeans bei H&M gekauft. Sie ist auch in Ordnung. Und als ich mir Anfang des Jahres eine Handtasche geleistet habe, die mehr kostete, als ich in zwei Monaten Miete zahle, habe ich zwei Monate lang keine Miete zahlen können und musste mir von meinem Bruder Geld leihen. Ich sage nicht, dass es keinen Spaß macht, Geld zu haben. Ich behaupte nicht, dass es Spaß macht, plötzlich weniger davon zu haben. Ich würde auch nicht sagen, dass ich heute glücklicher bin. Aber zumindest weiß ich, dass Glück nicht heißt, die doppelte Summe dessen zu besitzen, was ich habe.

Alte Mütter.
Über die neuen Väter

Ich kenne eine Wohngemeinschaft, in der zwei neue Väter wohnen. Die WG befindet sich in einer deutschen Großstadt. Es könnte Köln, München, Hamburg, Frankfurt oder auch Stuttgart sein. Eine jener Städte, in die es einen verschlägt, wenn man einen Job sucht. Die Wohnung liegt in einem sanierten Altbau, sie hat Laminat und neue Türen, die Einrahmungen der Fenster sind aus Plaste. Also ist sie eigentlich gar kein richtiger Altbau mehr.

Den beiden neuen Vätern ist das, glaube ich, ziemlich egal. Sie mögen ihre Wohnung, wie sie ist. Es gibt darin zwei Schlafzimmer, ein Wohnzimmer, das gemeinschaftlich genutzt wird, eine Küche und ein Bad. Im Wohnzimmer stehen ein großer Fernseher, eine Couch, ein Esstisch mit sechs Stühlen, ein Bücherregal und eine Stereoanlage. So weit ist es in einem ganz normalen Zustand. Solche Wohnzimmer findet man überall, alles gibt es in einfacher Ausstattung. Ich betone das, denn in den übrigen Räumen gibt es vieles, wenn nicht sogar alles, in doppelter Ausführung. Und weil die beiden neuen Väter irgendwie Jungs geblieben sind, machen sie sich keine große Mühe und stellen alle Dinge, die es zweimal gibt, einfach nebeneinander. So kommt es nicht zu Streit, und keiner der beiden muss auf etwas verzichten, was ihm womöglich lieb und teuer ist.

Im Bad stehen auf der einen Seite des WCs zwei Klobürsten wie Geschwister nebeneinander, während sich auf der anderen zwei Eimerchen für die sanitären Reste befinden. Einer ist grün, der andere weiß. In der Küche findet man zwei Kaffeemaschinen, zwei Wasserkocher, zwei Besteckbecher und so weiter. Immer und überall kann man sich freuen, vor die Wahl gestellt zu werden. Nur mit den Grünpflanzen sind die beiden anders verfahren: Die haben sie, das wurde schon vor dem Einzug beschlossen, einfach ins Treppenhaus gestellt und der Obhut der anderen Mieter überlassen. Irgendwie funktioniert das auch, irgendeiner der Nachbarn fühlt sich immer verantwortlich.

Im Zimmer des einen neuen Vaters – er heißt Joachim, ist der ältere und ordentlichere und hat zwei Töchter, sechs und neun Jahre alt – stehen sage und schreibe drei Betten. Es sieht darin aus wie in einer Feldstation oder einem Krankenhaus oder einer Jugendherberge. Obwohl Joachim sich große Mühe gibt, alles sauber und geordnet zu halten, geraten die Sachen der drei Bettinhaber immer wieder derart durcheinander, dass sich Berge oder Klumpen von Klamotten, Spielzeug, CDs, Zeitungen und Büchern bilden, die an den Wochenenden, wenn die Mädchen ihren Vater besuchen, jedesmal aufs Neue sortiert werden müssen.

Im Zimmer des anderen neuen Vaters – Philipp, der rund zehn Jahre jünger ist als Joachim, aber schon einen Jungen im Alter von acht Jahren hat – ist alles gänzlich im Chaos versunken. Philipp stört sich nicht daran. Ihm reicht als Aufenthaltsort das alte, gigantische Ehebett, das seine Ex-Frau ihm nach der Gütertrennung überlassen hat und das nun den gesamten Platz einnimmt. Daneben führt ein schmaler Pfad an Bergen von Wäsche und Akten vorbei zum Fenster, sodass man es öffnen kann, ohne über das Bett steigen zu müssen. Mehr braucht Philipp nicht zum Leben. Er ist viel unterwegs.

Joachim arbeitet in einem kleinen Buchverlag, in dem noch alles von Hand gemacht wird. Er reist regelmäßig durch die großen Städte Deutschlands, um Autoren zu treffen oder Journalisten, die mal Autoren werden wollen, und bespricht mit ihnen Themen, die in der Luft liegen. Themen, zu denen man ein Buch machen könnte. Philipp ist Jurist in einer großen, renommierten Kanzlei; er beschäftigt sich am liebsten mit heiklen Fällen, bei denen er selbst wie ein Tatort-Kommissar Hintergründe recherchiert. Sein stets nach Zigaretten riechender Dienstwagen hat eine Freisprechanlage, in die er auf Autobahnfahrten gern laut hineinbrüllt und durch die Informanten häufig gerade dann ihre geheimen Informationen geben, wenn man danebensitzt und mit anhört, was man eigentlich nicht wissen dürfte.

Joachim und Philipp sind typische Männer von heute. Sie waren schon einmal verheiratet und sind es nicht mehr. Sie haben ein bisschen, ganz wie sie es für angebracht hielten, Karriere in einer Stadt gemacht, die sie sich nicht ausgesucht haben. Aber sie nahmen die unschöne Umgebung gern in Kauf. Nun sind sie bei angesehenen Firmen beschäftigt. Firmen, bei deren Nennung viele Leute die Augenbrauen nach oben ziehen. Aus diesem Grund sind ihre Frauen damals mit ihnen in die fremden Städte gezogen. Sie sind auch zu Hause geblieben, als die Kinder geboren wurden, haben auf ihre Jobs verzichtet oder sie auf später verschoben. Irgendwann einmal muss in Joachims und Philipps Leben alles zusammengepasst haben. Irgendwann einmal muss alles so arrangiert gewesen sein, dass die äußeren Koordinaten der Ehen stimmiger waren als die inneren. Die Beziehungen waren zu atemberaubend luftdichten Konstruktionen geworden.

Von diesem Punkt an war es nur noch eine Frage der Zeit, bis die beiden neuen Väter, die damals natürlich noch alte Väter waren, und ihre Ehefrauen sich auseinandergelebt hatten. Je stärker die Liebe gezähmt schien, desto kleiner wurde sie. Aus leichthin gemachten Versprechen und Vereinbarungen waren zähe Kompromisse geworden.

Soweit ich es beurteilen kann, denn ich kenne das Ganze ja nur aus den Erzählungen der Väter, war für beide der Umstand, dass es in den Ehen Kinder gab, der entscheidende Grund, eine Trennung immer wieder aufzuschieben. Beide neuen Väter haben nichts überstürzt oder ihre Frauen leichtfertig verlassen. Beide haben gezögert. Sie haben es sich schwergemacht, haben darunter gelitten, haben sich lange von ihrer Unentschiedenheit quälen und demütigen lassen.

Besonders an Philipps Zustand kann ich mich noch gut erinnern. Ich kenne ihn länger als Joachim, wir haben uns schon vor langer Zeit an der Universität kennengelernt, und so hatte er mich bereits in den letzten Jahren seiner Ehe zu seiner Vertrauten gemacht. Vielleicht, weil wir nie ein Liebespaar waren und zwischen uns keine offenen Rechnungen bestanden. Vielleicht, weil ich seine Ehefrau nur flüchtig kannte.

Ich glaube, außer mit mir sprach Philipp mit kaum jemandem über sein Leben. Er hatte nur noch wenig Kontakt zu anderen Menschen, zu weit war er bereits in eine Parallelwelt entglitten. Wenn er nicht gerade für seine Kanzlei arbeitete, gab er den braven Ehemann und kümmerte sich um sein Kind. Den Großteil der verbleibenden Zeit verbrachte er damit, sein Parallelleben zu organisieren, was mehr bedeutete, als ein dichtes Netz loser Bekanntschaften zu pflegen. Das Doppelspiel war ein logistischer Aufwand, der seine ganze Kraft forderte, seine Energie auffraß, die Freunde aus seinem Leben verjagte. Mit wem wollte er seine schizophrene Existenz noch teilen, vor wem sie ausbreiten? Philipp hatte sich aus gewissen gesellschaftlichen Normen verabschiedet, und er wusste es selber am besten.

Genau genommen hat Philipp seine Frau die gesamte zweite Hälfte seiner Ehe hindurch betrogen. Nach Strich und Faden, hätte man früher gesagt. Sein Vorgehen war klassisch: Er nutzte seine Arbeit als den letzten Freiraum, der ihm geblieben war. Er fuhr länger und öfter auf Dienstreisen als üblich, er besuchte Fortbildungen, wissenschaftliche Tagungen und Kongresse zu allen erdenklichen Themen. Wenn er dort abends ausging, stellte er sich in den Clubs, auf die er in den üblichen Stadtmagazinen aufmerksam geworden war, an die Bar, sprach Frauen an, nahm sie mit auf sein Hotelzimmer oder ging mit zu ihnen. Er benahm sich dabei nicht schlecht. Philipp ist ein gutaussehender Mann, einer mit Bildung und Erziehung, in vielen Dingen einfühlend und sensibel.

Er machte seinen Bekanntschaften nichts vor, er sagte ihnen, dass er gebunden sei, bloß Lust auf Sex habe und seine Ehefrau nie im Leben verlassen würde. Er überließ ihnen die Entscheidung, ob sie sich auf ihn einlassen wollten oder nicht. Und er glaubte selbst lange an das, was er den Frauen erzählte. Gleichzeitig wird er geahnt, vielleicht sogar gewusst haben, dass die so gewonnene Freiheit trügerisch war. Einen Ausweg jedoch gab es in seinen Augen nicht. Er hatte sich für seine Ehefrau und die Kinder entschieden. Dabei sollte es auch dann bleiben, als seine Familie längst nur noch eine ökonomische Zweckgemeinschaft war, eine soziale Vereinbarung, in der die Frau, die er einst aus Liebe geheiratet hatte, von ihm forderte, dass er funktionierte und den gegebenen Anforderungen genügte, genauso wie sie funktionierte und den gegebenen Anforderungen genügte. Dieser Kälte, die eigentlich eine Sprachlosigkeit war, konnte Philipp nichts entgegensetzen. Er fand keine Worte, um gemeinsam mit seiner Frau nach einem Ausweg zu suchen. Ihm blieb nur sein für sich gelebtes und mit niemandem geteiltes Nichtfunktionieren. Still, heimlich, über Jahre.

Philipp ist über diesem Treiben ganz grau geworden. Mit eingezogenen Schultern lief er umher und traute so gut wie niemandem mehr über den Weg. Auch ich kam nicht an ihn heran. So ganz und gar war er in eine Sphäre abgetaucht, die anderen Gesetzen gehorchte. Betrachte ich ihn heute auf Fotos aus jenen Jahren, dann sieht er darauf bereits zehn Jahre älter aus, als er heute, fast zehn Jahre später, tatsächlich ist.

Bis er sich eines Tages zur Trennung entschloss und ging, für alle anderen wahrscheinlich spontan und über Nacht, für ihn selbst jedoch wie in einem längst überfälligen

Schritt, der ihm bereits in dem Moment, da er ihn zum ersten Mal gedacht hatte, vertraut erschienen sein muss. Heute ist Philipp es selbst, der bei der Erinnerung an diese Zeit am stärksten erschrickt. Denke er daran zurück, habe er das Gefühl, er bekäme einen Schlag auf den Hinterkopf, sagte er einmal.

Die Trennung von seiner Frau sollte für ihn nicht auch die Trennung von seinem Sohn bedeuten. Philipp unterschied das. Anders als frühere Generationen von Vätern wollte er nicht einfach in ein neues, ein anderes, ein zweites Leben hinüberwechseln und sein altes vergessen. Noch sein eigener Vater war von heute auf morgen verschwunden, nachdem er sich von seiner Mutter getrennt hatte.

Er selbst dagegen sieht seinen Sohn jedes zweite Wochenende, obwohl das Kind mehr als 350 Kilometer entfernt wohnt. In der Woche telefoniert er beinahe täglich mit ihm, oft besprechen sie die Hausaufgaben per E-Mail. Alle anderen Termine müssen sich diesem Rhythmus unterordnen. Philipp setzt sich am Freitagnachmittag ins Auto, fährt zu seiner Ex-Frau, packt den Jungen ein und fährt mit ihm in die kleine Wohnung, die er in der Stadt, in die seine Frau nach der Scheidung gezogen ist, angemietet hat. Am Sonntagnachmittag bringt er das Kind wieder zurück und fährt wieder nach Hause. So legt er jedes zweite Wochenende mehr als 700 Kilometer zurück.

Nicht, dass er sich mir gegenüber darüber schon einmal beschwert hätte, er würde es sicher auch niemand anderem gegenüber tun. Aber wenn Philipp heute von seinem Leben erzählt, von seinem Vater, von seinem Sohn, dann frage ich mich: Wo hat er das alles gelernt? Woher wusste er, was es heißen konnte, Vater zu sein? Wer hatte ihm das beigebracht? Wer hatte es ihm vorgelebt? In solchen Momenten wundere ich mich über meinen Freund Philipp und denke, wie sehr er sich doch gewandelt hat und welche so ganz anderen Geschichten er mir vor ein paar Jahren erzählte, als er noch kein neuer Vater, sondern ein verheirateter Mann gewesen ist.

Auch Joachim gehört, obwohl er älter ist als Philipp, zur Generation jener neuen Väter, die ihre Kinder als konkrete Wesen wahrnehmen und mit ihnen nicht länger wie mit einem abstrakten Konzept verfahren, das zwangsläufig zur Familienplanung gehört, für das man aber außer Ideen, Pläne und Projektionen wenig übrighat. Joachim und Philipp wollen ihre Kinder aufwachsen sehen, sie erleben. Lange waren Väter noch ganz ihrem Status als Ernährer verhaftet, und der sah nicht vor, dass sie sich ernstlich etwas anderem hingaben. Genau das verlangte man von einer Frau: Sie allein blieb den Dingen zugewandt. Und brachen dann, wie bei Philipp, die Familien auseinander, verschwanden die Väter, fast möchte man sagen, wie sie gekommen waren. Sie hatten mit den Frauen ihren Sender, ihren Übermittler, ihren Transmitter verloren, durch den sich wie von selbst ein Kontakt zu den Kindern hergestellt hatte, ein Kontakt, den sie selbst nicht aufbauen konnten.

So bedeutete die Trennung von der Frau fast automatisch auch die Trennung von den Kindern. Manche Väter blieben danach über Jahre weg, andere zeigten sich, wenigstens ab und zu, an den Feiertagen. Aber nie hätte Philipp als Kind bei einem solchen Anlass, wenn sein Vater wider Erwarten doch erschien, gegenüber dem sonst Abwesenden Ansprüche formuliert. Das wenige, das er bekommen konnte, nahm er anstandslos hin. Er spielte den Sohn, wenn man das von ihm verlangte, und hatte dabei das Gefühl, er sei für seinen Vater da – und nicht umgekehrt.

In nicht einmal zehn Jahren sind Philipp und Joachim demnach einen weiten Weg gegangen. Innerhalb von nur einer Generation haben sie ihre Rolle als Väter aus der Passivität herausgeführt und ihre Rolle als Mann umdefiniert und erweitert. Sie haben sich neben dem öffentlichen Modus, der ein ökonomischer ist, einen privaten Modus geschaffen, indem sie sich vordem als weiblich gekennzeichnete Eigenschaften angeeignet haben, ohne sich verbiegen zu müssen oder zu verweichlichen oder sonst welchen Quatsch zu fürchten, der Männern angeblich droht, wenn sie über sich und ihre Rolle nachzudenken beginnen.

Joachim und Philipp sind sogar, und das ist an alldem das Verblüffendste, in den letzten zehn Jahren einen weiteren Weg gegangen als ihre Frauen. Neben den neuen Vätern sind sie zu alten Müttern geworden.

Joachim kennt als Verlagsmensch, wie gesagt, viele Leute. Vor allem kennt er viele bücherschreibende Journalisten. Erst kürzlich war er bei einem zum Abendessen eingeladen, der seinen Abschied aus der Hauptstadt feierte, weil er als Korrespondent mit seiner Familie für ein paar Jahre nach Tokio gehen würde.

Das Essen fand bei einem Zehlendorfer Italiener statt. Schon von weitem war die kleine Festgesellschaft zu sehen, die sich vor dem Lokal um einen Tisch versammelt hatte und Champagner trank, der zur Begrüßung von einem weißgekleideten Kellner gereicht wurde. Die Herren trugen selbst an diesem Sonntagabend Anzüge, die Frauen kurze Sommerkleider und Stilettos, die man sich kauft, wenn man gut verdient. Nun war das nicht unbedingt die Sorte Mensch, mit der Joachim normalerweise verkehrte; wer von denen wollte sich schon vorstellen, dass er zu Hause in einer WG mit einem anderen geschiedenen Vater wohnte und dass in seinem Zimmer drei Betten wie in einem Feldlager herumstanden? Aber Joachim mochte seinen Bekannten, den Gastgeber, gerade weil der so anders als er selber war und sich obendrein nicht scheute, Menschen unterschiedlicher Art zusammenzubringen.

Im Inneren des Lokals, das ein hoher, weiter Raum war, befand sich eine lange, mit weißem Tischtuch gedeckte Tafel. Joachim konnte das Getue auf den Tod nicht ausstehen, das Gäste bei solchen Festgesellschaften veranstalten, wenn sie ewig zögern, sich für einen Platz zu entscheiden, weil sie Angst haben, den Abend neben jemand Unwichtigem und damit weit entfernt vom scheinbaren sozialen Epizentrum verbringen zu müssen. Deshalb setzte er sich rasch auf einen Stuhl am Ende der Tafel.

Es dauerte eine Weile, bis die anderen Gäste ihre Plätze gefunden hatten. Und nachdem die Frau des Gastgebers eine kleine, freundliche Rede gehalten hatte, begann um Joachim herum ein zaghaftes Gespräch. Der Mann mit den großen Augen, der links von ihm saß, war, wie sich herausstellte, ein bekannter Wirtschaftsjournalist, einer, dem es schon häufig gelungen war, Skandale aufzudecken. Joachim kannte seinen Namen aus der Zeitung. Es war nicht lange her, dass er eine ganze Schar von Lokalpolitikern mit immer neuen Enthüllungen über deren Geschäftsgebaren vor sich hergetrieben hatte. Joachim konnte sich noch gut erinnern, wie die Zeitungen davon voll gewesen waren. Und er ließ dies – aus Freundlichkeit und wohl auch ein bisschen aus Taktik – sein Gegenüber wissen, was den erkennbar freute.

Ein paar Stühle entfernt saß eine schwangere Frau. Sie trank ein alkoholfreies Bier und unterhielt sich mit dem Gastgeber. Und so ergab es sich, dass die Runde, zu der neben dem Wirtschaftsjournalisten und seiner Frau noch eine Italienerin und ihr Mann gehörten, vor allem über Familie und Kinder zu reden begann. Das Gespräch verlief schon bald erstaunlich offen. Der Wirtschaftsjournalist und seine Frau erzählten von ihren beiden Töchtern. Die ältere, sagte er, sei ein Geschenk seiner Frau an ihn gewesen, was eine ungewöhnliche Beschreibung für den Umstand war, dass das Kind aus einer früheren Beziehung stammte. Kam der leibliche Vater am Wochenende vorbei, um das Mädchen abzuholen, dann geschah es oft, dass alle fünf gemeinsam aßen oder miteinander spielten, erzählte er, und an seinem Tonfall konnte man bemerken, dass er über sein eigenes Leben noch immer staunte. Er schien stolz darauf zu sein.

Das ermutigte die Italienerin, die bis jetzt ruhig und interessiert zugehört hatte, ihre Geschichte auch zu erzählen: Sie hatte nämlich fünf Kinder, von denen kein einziges von ihrem jetzigen Mann war. Sie meinte offensichtlich den, der neben ihr saß, auch wenn sie von ihm, der den gleichen Ring trug wie sie, wie von einem Abwesenden sprach. Der leibliche Vater ihrer Kinder lebe in Mailand. Die älteren führen in den Ferien oft zu ihm, die beiden jüngeren würden ihn jedoch eher selten sehen. Sie betrachteten vielmehr ihn hier, wieder zeigte sie auf ihren Sitznachbarn, als ihren Vater. Sie würden auch Papa zu ihm sagen.

Er müsse gestehen, ergriff Joachim das Wort und schaffte es dabei, alle am Tisch gleichzeitig anzusehen, dass er ihre Offenheit verblüffend finde. Anders als er zu Beginn des Abends gedacht habe, lebten ja auch sie in einer der seinen vergleichbaren Situation. Das habe er nicht vermutet, sagte er, noch unsicher, ob er gerade einen zu vertraulichen Ton anschlug.

Aber die anderen schauten Joachim aufmerksam an. Es schien an ihm zu sein. Joachim begann von seiner Scheidung zu erzählen und von den beiden Töchtern, die er beinahe jedes Wochenende zu sich holte. Er sprach von den drei Betten in seinem Zimmer und stellte in einigen Nebenbemerkungen seinen Mitbewohner Philipp vor, der ja genauso lebte wie er.

Über die Beschreibung der gemeinsamen Wohnung mussten alle lachen. Die Idee mit den Grünpflanzen im Hausflur fanden alle gut. Doch als Joachim die vielleicht ein wenig zu komplizierte, seine Zuhörer in ihrer Intimität überfordernde Neuigkeit anfügte, dass er sich nun nach vier Jahren zum ersten Mal wieder verliebt habe, dass er mit dieser Frau noch einmal Kinder plane und diese Planungen unvorsichtigerweise in einem Moment von Vertraulichkeit seiner Ex-Frau erzählt habe, worauf die völlig ausgerastet sei und seither den Kontakt zu den Kindern wenn nicht untersage, so doch extrem einschränke – als Joachim auch noch das alles erzählte, schauten die anderen ihn plötzlich an, als hätte er sich um Kopf und Kragen geredet.

Die Italienerin reagierte als Erste. Sie suchte, um sich zu vergewissern, die Blicke des Wirtschaftsjournalisten, lehnte sich einen Moment zurück, fuhr sich durch die Haare und setzte zu einer kraftvollen Verteidigung von Joachims Ex-Frau an, deren Namen sie nicht kannte und die sie noch nie gesehen hatte. Joachim konnte sich hinterher nicht mehr an alle Einzelheiten erinnern. Er wusste auch nicht mehr, wie lange die Italienerin gesprochen hatte. Es war ihm endlos vorgekommen.

Sie begann mit den Worten: Man müsse die Frau verstehen. Sie sagte nicht, *sie* könne die Frau verstehen, sondern: *Man* müsse die Frau verstehen, so als kämen hier allgemeine, übernatürliche Kräfte zur Wirkung. Ihr selbst, fuhr sie fort, sei noch immer unwohl, wenn ihre Kinder zum Vater führen und dort auf dessen neue Lebensgefährtin träfen. Wie gern ließe sie das verbieten. Plötzlich klang ihre Geschichte ganz anders als noch kurz zuvor. Aber der Vater, sagte sie, habe sein Recht per Klage durchgesetzt und nun einen Anspruch darauf, sie zu sehen. Doch eine Frau verspüre als Mutter eine andere, tiefere Verantwortung. Sie selbst habe tausendmal darüber nachgedacht, ob sie ihren neuen Lebenspartner den Kindern vorstellen solle oder nicht. Männer handelten da leichtsinniger. Sie könne verstehen, wenn Joachims frühere Frau ihn kontrollieren wolle.

Joachim machte ein Gesicht, als hörte er nicht richtig. Nicht nur der kompromisslose und pädagogische Ton überraschte und ärgerte ihn – hatte nicht dieselbe Frau gerade noch erzählt, wie toll ihr neuer Mann und die Kinder sich verstehen würden? Joachim wandte sich hilflos zur anderen Seite des Tisches. Er hoffte, der Wirtschaftsjournalist würde besser begreifen, was er meinte, schließlich lebte der doch auch in einer Patchworkfamilie. Aber der Journalist rührte sich nicht. Er sah so lange das weiße Tischtuch an, bis er, umständlich nach Worten suchend, eine Erklärung für Joachims Situation gefunden zu haben glaubte, obwohl Joachim gar nicht um eine Erklärung gebeten hatte.

Auch der Mann meinte, man müsse Joachims Ex-Frau verstehen. Eine Frau sei nach einer Trennung nachhaltiger verletzt, ein Mann erhole sich schneller wieder. Er begreife daher durchaus, warum sie die Kinder ein wenig abschirmte. Das würde sich wieder ändern. Joachim solle abwarten. Sie habe Angst um sie, und schließlich könne man bei alldem sicher sein, dass eine Mutter schon wisse, was das Beste für ihre Kinder sei.

Joachim blickte aus dem Fenster. Er wusste, dass diese Geste unhöflich war und unsouverän wirken musste. Aber er konnte nicht anders, er wusste beim besten Willen nicht, wohin er schauen sollte. Selbst als das Gespräch bereits ein paar Sekunden zu lang verstummt war und es an Joachim gewesen wäre, einen abschließenden, versöhnlichen Satz zu sagen, verspürte er noch immer keine Lust, etwas auf die Worte der anderen zu erwidern. Er blickte weiter aus dem Fenster.

Seine Tischnachbarn glaubten tatsächlich, es mit ihren Verständnisappellen gut zu meinen. Aber Joachim war solcher Reden überdrüssig. In Wahrheit konnte er es nicht mehr hören. Was sollte das Beste daran sein, wenn eine Mutter die gemeinsamen Kinder für ihre Ziele, im Sinne ihrer Verletztheit instrumentalisierte? Warum ging man davon aus, dass die gedachte und gefühlte Lebensrealität einer Frau mehr wert war als die eines Mannes? Warum ließ man nicht beide Sichtweisen nebeneinander existieren? Und warum musste sich Joachim hier dieselben Vorträge anhören, die ihm schon seine Ex-Frau immer hielt, anstatt mit ihm zu reden?

Wie der Wirtschaftsjournalist war auch sie überzeugt, dass nur sie wisse, was *das Beste* für *ihre* Kinder sei. Seit neuestem hieß das, dass sie Joachim nicht mehr in die Wohnung ließ, wenn er die Kinder abholen wollte, sondern die beiden Mädchen oben an der Tür verabschiedete und hinunter zur Eingangstür schickte, wo er stehen und warten sollte.

Nicht wenige dieser Handlungen rührten von der Kränkung her, die sie noch immer empfand, weil Joachim sie verlassen hatte, und die eine grundsätzliche Auseinandersetzung über die Trennung bis heute verhinderte. Dabei war Joachim längst klar, dass die Mutter seiner Kinder nur deshalb in dieser Form auf ihrer Verletzung beharren konnte, weil ihr Verhalten einer allgemein anerkannten Konvention entsprach. Weil es eine Variante jener weiblichen Rolle war, die man den Müttern von jeher eingestand, nur selten in Zweifel gezogen hatte und in der viele Frauen sich schon immer eingerichtet hatten. Auch die beiden am Tisch agierten erstaunlich selbstbewusst auf diesem präzise abgesteckten weiblichen Hoheitsbereich. Sie störten sich nicht an dem Umstand, dass sie selbst wieder neue Familien gegründet hatten und dadurch gewissermaßen schon einen Schritt weiter waren. Joachim jedoch hatte keine Lust auf solche Gespräche. Er wartete noch ein paar Minuten, nahm dann beiläufig seine Jacke vom Stuhl, stand auf, plauderte noch ein bisschen mit dem Gastgeber und verabschiedete sich auf eine Art, die keinem der Anwesenden unhöflich vorgekommen sein dürfte.

Ich war die Schwangere am Tisch. Ich habe an diesem Abend alkoholfreies Bier getrunken. Sie erinnern sich vielleicht: Im Text hieß es soeben, ein paar Stühle weiter habe eine Schwangere gesessen, und so ergab es sich, dass die Runde vor allem über Familie und Kinder zu reden begann. Diese Schwangere war ich. Ich saß ein paar Stühle weiter und war vielleicht der Anlass für ein Gespräch über Mütter und Familien, das an diesem Abend bei einem Italiener in Zehlendorf geführt wurde und das ich belauscht habe.

Ich weiß, dass man das nicht tut. Aber manchmal macht es mir Spaß, anderen Leuten beim Reden zuzuhören. Im Café, im Bus, im Zug, wenn sie telefonierend an mir vorübergehen. Mich interessiert, in welcher Relation sie zueinander stehen, und ich versuche, die Art ihrer Beziehung zu erraten. Ob sie sich flüchtig kennen oder schon lange; ob sie sich in der Unterhaltung Mühe geben und originell sein wollen oder nicht; ob sie Freunde, Kollegen, Verwandte, Liebende, Geschiedene sind. Oder vielleicht zwei, die sich gerade erst getroffen haben.

Bei dem Abendessen kannte ich nicht viele Leute. Ich begann, mich an meiner Ecke der langen Tafel zu langweilen, und hörte denen zu, die weiter weg saßen. Das Tischgespräch dort war so erstaunlich, wie ich es beschrieben habe. Noch nachts in der S-Bahn zurück in den Prenzlauer Berg, ich saß allein und hätte eigentlich in Ruhe in die erleuchteten Fenster am Bahndamm schauen können, dachte ich an das Gesicht des Mannes, den die Mütter nicht verstehen wollten. Wie auf einer Kinoleinwand projizierten sich die Szenen, deren Zeuge ich zufällig geworden war, wieder und wieder auf die dunkle Fensterscheibe des Zuges. Die Enttäuschung und Verbitterung des Vaters traten dabei noch deutlicher hervor als im Restaurant.

Ich war während meiner Schwangerschaft nicht viel unterwegs. Abendliche Unternehmungen wie diese kann ich an einer Hand abzählen. Ich habe oft zu Hause ferngesehen und dabei auf die Bewegungen des wachsenden Körpers in meinem gewartet. Ich sah so viel fern, dass ich das deutsche Fernsehen am Ende kaum mehr ertragen konnte. Auf irgendeinem Kanal wurde stets über Elterngeld, Krippenplatzanspruch, Gebärmaschinen, Wickelvolontariat, Erziehungsgeld oder Herdprämien diskutiert. Ich war meist fassungslos, wie anachronistisch es in diesen Sendungen zuging. Fernsehmacher glauben ja, mindestens einen Gast einladen zu müssen, der rückständige Ansichten vertritt. Mit kontroversen Meinungen hat das oft nicht viel zu tun. Bei diesem Gast hält sich die Runde dann auf, und anstatt über interessante Fragen zu streiten, kreist man um Grundsätzliches, eigentlich längst Geklärtes.

Es könnte gut sein, dass die Politikverdrossenheit, die ja selbst längst zu einem Klischee geworden ist, im Kern eine Medienverdrossenheit ist und sich in großen Teilen der eigentlich interessierten Bevölkerungsschichten vor allem deshalb ausbreiten konnte, weil es so erscheint, als diente Politik nur mehr dem Selbstzweck der Medien.

Auch während des Abendessens beim Italiener spürte

ich die Tritte meines Kindes, das zu diesem Zeitpunkt natürlich noch kein richtiges Kind, sondern eher ein Warten und Wachsen war. Seine Füße trafen immer wieder meine Rippenbögen. Die anderen Gäste am Tisch amüsierte das, weil ich, zusammenzuckend, so ausgesehen haben muss, als wollte ich den Stößen des Kindes ausweichen. In den letzten Wochen einer Schwangerschaft können solche Tritte recht schmerzhaft sein. Im Restaurant jedoch musste ich darüber lachen.

Mir gefiel die Idee, dass der kleine Körper genau den richtigen Moment gewählt haben könnte, um mich, bevor ich mich in Sympathie für einen unbekannten Vater verlor, daran zu erinnern, auf welcher Seite ich als werdende Mutter zu stehen hatte.

Schwangerschaften und Kinder sind ein echtes Problem. Elisabeth und ich wollten eigentlich nicht darüber schreiben. Im Grunde haben wir ja auch kaum Erfahrung damit. Wir sind uns aber bewusst, dass es eine, nennen wir es ungenau: unschuldige Zeit im Leben fast jeder Frau gibt. Gemeint sind die Jahre, in denen man sich über sein Leben und seine Chancen in der Gesellschaft Illusionen machen kann, weil man noch keine Kinder hat und nur für sich selbst auf der Welt ist.

Von dieser Zeit handelt unser Buch. Es ist die Zeit, die nun für uns langsam vorübergeht. Ich habe bereits ein Kind geboren. Wir befinden uns auf einer Schwelle, dem Übergang von einer Etappe in die andere, und wir haben an die kommende große Erwartungen. Selbständigkeit, Unabhängigkeit, Spontaneität, Freiheit sollen weiterhin zu unserem Leben gehören. Umso genauer beobachten wir Frauen, die älter sind als wir und Kinder haben. Ab und zu haben auch wir schon versucht, uns in die Rolle einer Mutter hineinzudenken.

Manchmal erinnert man sich an Gespräche vor allem durch die Landschaft, in der man sie führte. Ich weiß noch genau, wie ich einmal mit Elisabeth vom Atlantikstrand zurück zu unserem Ferienhaus lief, hinter uns die Dünen von Cap Ferret. Den Urlaub verbrachten wir mit zwei Männern, die ihre Kinder, und tageweise auch deren Cousins und Cousinen, dabeihatten. Stand man morgens auf, um Frühstück zu machen, musste man über eine Horde von auf dem Fußboden liegenden Kindermumien in Schlafsäcken hinwegsteigen. Fuhr man zum Markt, galt es, Essen für zwölf, vierzehn Leute einzukaufen und die Einkäufe in riesigen Kisten und Tüten nach Hause zu schleppen. Den ganzen Tag war man beschäftigt, und kaum lag man am Strand, wollten die Kinder Ball spielen oder Pommes.

Ich glaube, Elisabeth und ich schlugen uns in dem Urlaub ganz tapfer. Von einem eventuellen Kinderwunsch aber fühlten wir uns bis auf weiteres geheilt. Auf dem schmalen Weg, der durch den Pinienwald zum Haus führte, sagte Elisabeth unvermittelt, man könne auch mit 35 noch Kinder bekommen. Heutzutage sei man damit nicht zu alt. Und ich weiß noch, wie ich über mich selbst erschrak und mich im gleichen Augenblick darüber wunderte. Dieser Gedanke war mir noch nie gekommen. Diese Sicht der Dinge war mir neu. Und Elisabeths Satz hörte sich so an, als berge er die Lösung eines Problems.

Elisabeth sagt oft Sätze, die Lösungen für Probleme beinhalten, und es gibt viele Situationen, in denen ich mich auf sie verlasse. Sie wird schon einen Ausweg finden, denke ich dann.

Nun bin ich mit 31 Jahren Mutter geworden, es nützt nichts, die Entscheidung zu vertagen. Mein Kind war das Ergebnis genauer Planungen, vielleicht vermittelt mir das Sicherheit. Die wichtigen Dinge überlasse ich ungern dem Zufall, nicht nur, weil ich Angst habe, die Kontrolle zu verlieren und eine dieser alten Mütter zu werden. Mein Freund und ich haben uns genau überlegt und viel darüber gesprochen, wie wir uns als Familie so organisieren können, dass keiner mehr aufgeben muss als der andere. Wir teilen uns beispielsweise das Elterngeld. Erst bleibe ich ein paar Monate zu Hause, dann er. Bei alldem führen wir keine Bilderbuchbeziehung, aber auch keine, die kalt und berechnend ist. Wir streiten und kämpfen, verhandeln hart, denn keiner lässt den anderen in eine Situation geraten, für die er im Nachhinein die Verantwortung übernehmen müsste. Beide wollen frei für sich entscheiden, und so haben wir uns vorgenommen, vom anderen nicht mehr zu verlangen, als man selber zu geben bereit ist. Nichts zu verlangen, was man selber nicht tun würde, und dem anderen somit jene Freiheiten zu lassen, die man auch für sich selber beansprucht.

Spielverderber.
Über Mann und Frau auf Arbeit

An den ersten ihrer Witze kann ich mich noch gut erinnern. Der Anruf erreichte mich im Büro. Ich war von meinem Stuhl aufgestanden, hatte den Hörer zwischen Kopf und Schulter geklemmt und war so vor meinem Schreibtisch in kleinen, klar definierten Halbkreisen auf und ab gelaufen. Ich hatte den Witz nicht verstanden. Ich hatte ihn gar nicht als solchen aufgefasst und stimmte dem Vorschlag des Kollegen sofort freudig zu. Er bat mich, auf dem Berliner Messegelände eine Sexmesse zu besuchen und darüber eine Reportage zu schreiben. Überall in der Stadt warben Plakate mit nackten Frauen für dieses Event. Erst Monate später, als ein älterer Kollege mich freundlich beiseitenahm und mir sagte, das hätte ich nicht machen dürfen, ich hätte mich damals nicht derart an der Nase herumführen lassen dürfen, sondern das Ganze durchschauen müssen, erst da ging mir ein Licht auf. Aber da war es zu spät.

Die Büros der Redaktion lagen in jenem Teil der Friedrichstraße, der beinahe den ganzen Tag belebt ist. Am Ende des langen Flures konnte man das Sonnenlicht sich in den Glasdächern der Berliner Mitte spiegeln sehen. Der Gendarmenmarkt befand sich um die Ecke, das *Borchardt* sowieso. Mein Zimmer war für eine Praktikantin ein wenig zu komfortabel, ein wenig zu großzügig. An der Tür wurde sogar ein Schild mit meinem Namen angebracht. Ich hatte

Glück, denn kurz zuvor hatte ein Redakteur das Haus verlassen, und sein ehemaliges Zimmer stand leer. Normalerweise weist man den Praktikanten die fensterlosen Räume auf den Innenseiten der Flure zu.

Die Friedrichstraße selbst konnte ich von meinem Schreibtisch aus nicht sehen, die Büros lagen zu hoch. Nur der Lärm der Autos und der Rhythmus der Ampelschaltungen waren zu hören, oft so laut, dass ich das Fenster schließen musste, wenn ich telefonieren wollte oder jemand ins Zimmer kam. Stattdessen blickte ich in die Fenster des Hauses gegenüber. Ich saß an meinem leeren Schreibtisch, versuchte mir Geschichten auszudenken, obwohl ich annehmen konnte, dass sie ohnehin nicht ins Blatt kommen würden, schaute in den Himmel oder sah in die Fenster des Hauses gegenüber.

Der Tag begann mit einer Konferenz im Zimmer des Büroleiters. Kurz nach neun Uhr eilten die Kollegen der Reihe nach aus ihren Büros. Schnell noch die Hemden in die Hose steckend, folgten sie einem mir nicht hörbaren Signal. Irgendwann eilte ich hinterher. Es war nicht gut, zu früh zu den Konferenzen zu erscheinen, wenn noch die meisten der an den Zimmerwänden entlang aufgestellten Stühle leer waren. Es war nicht gut, zu spät zu kommen und dem Kollegen, der an die Innenseite der Tür gelehnt stand, beim Eintreten die Klinke in den Rücken zu stoßen. Der Stellvertreter brachte aus dem Nachbarzimmer seinen Drehstuhl mit, den er neben dem Schreibtisch des Büroleiters schob.

Dann besprach man die Lage des Landes, wobei die Lage des Landes beinahe jeden Morgen prekär war. Zum Wochenende spitzte sie sich meist noch einmal zu. Montags und dienstags berichtete jeder Redakteur in einer, sagen wir: ungezwungenen Art, was er in seinem jeweiligen Revier gehört oder herausgefunden hatte. Es wurden Anekdoten erzählt.

Einige Kollegen waren bis spät in die Nacht unterwegs gewesen, andere hatten den ganzen Tag in ihren Büros verbracht und telefoniert. Als Mitarbeiter der Redaktion waren sie zu Jägern und Sammlern geworden, deren Beritte markiert und genau voneinander getrennt waren. Ein Beritt konnte eine Partei oder eine Fraktion sein, die Regierung oder die Opposition, ein Ministerium, die Gewerkschaften. Keiner wagte sich in die Bereiche der anderen vor. Bis zum Mittwoch, spätestens aber bis zum Donnerstag musste sich aus all den Notizen, den Hinweisen, dem Gerede, den Gerüchten eine Geschichte mit einem neuen Dreh ergeben haben. Und dieser Dreh durfte noch in keiner anderen Zeitung gestanden haben. Dann kam die Geschichte ins Blatt. Dann war man im Blatt.

Als Praktikantin war ich zum Zuschauen eingeladen. Dennoch liebte ich die Konferenzen. Ich sog alles auf, was ich zu hören bekam, und hätte es abends am liebsten zum Beweis, dass ich in Windeseile verstanden hatte, wie das Geschäft lief, an meine Freunde weitergegeben. Auch von jener Sammellust, die in den Räumen der Redaktion grassierte wie ein Fieber, war ich bereits nach Tagen infiziert. Ich schaute ununterbrochen Nachrichtensendungen an, las Zeitungen, suchte ständig irgendetwas im Internet, hörte Radio. Ich war überzeugt, dass ich in den nächsten Wochen nichts von dem verpassen durfte, was in der Welt vor sich ging. Nie zuvor in meinem Leben hatte ich mich so sehr als Teil der Welt gefühlt.

Hinter den Fenstern des Hauses, in die ich von meinem Büro aus schaute, war eine große Wohnung. Sie erschien wie leer. Zumindest wirkte das riesige Zimmer, das ich von meinem Schreibtisch aus einsehen konnte, auf eine eigenartige Weise leblos. Teure Möbel standen herum. Aber niemand nahm Besitz von ihnen. Auf dem langen Tisch aus Holz, der sich über mehr als vier Fenster erstreckte, lag nichts. In den weißen Einbauregalen, die vom Parkettfußboden bis zur Decke eine ganze Wand bekleideten, standen Bücher, wie man sie auch in Einrichtungshäusern in die Regale stellt. Nur eine mannshohe Vase war fast täglich mit neuen Blumen gefüllt, als wäre die Wohnung ein Büro oder ein offizieller Empfangsbereich. Ab und zu konnte ich eine Putzfrau sehen, und eine junge Asiatin lief durch das Zimmer. Oft kam sie aus der einen Tür heraus, um in einer zweiten am anderen Ende wieder zu verschwinden. Sie trug ein kleines Kind auf dem Arm und schloss hinter sich immer sofort die Tür, sodass es mir nie gelang, einen Blick in die angrenzenden Räume zu werfen.

Zur Zeit meines Praktikums in der Redaktion war Angela Merkel noch nicht Bundeskanzlerin. Die rot-grüne Koalition war mit Hartz IV beschäftigt. Gerhard Schröder hatte bereits mehr als einmal gedroht, alles hinzuwerfen, wenn seine Partei ihm die Gefolgschaft verweigern sollte. Erst heute, wo Schröder nicht mehr Kanzler ist, merke ich, wie sehr mir sein patriarchales Gehabe, auch das von Joschka Fischer, schon damals auf die Nerven gegangen ist. Im Vergleich zu Helmut Kohl besaß Gerhard Schröder etwas sehr Gegenwärtiges, Modernes; im Vergleich zu Angela Merkel repräsentierte er dennoch die alte, die männliche Bundesrepublik.

Angela Merkel war schon damals die interessanteste, weil vielleicht rätselhafteste politische Figur, auch wenn sie *nur* die Opposition anführte. Die Frau aus dem Osten faszinierte mich, ich beobachtete sie, las vieles über sie und von ihr. Aber Angela Merkel war, wie ich lernen sollte, immer die Angelegenheit eines anderen. Mehr als einmal passierte es mir, dass ich mich auf der Suche nach Geschichten, von denen ich hätte annehmen können, dass sie ohnehin nicht ins Blatt kommen würden, ahnungslos in das Revier eines anderen begab. Kurz und bündig wurde ich dann, schon bevor ich zu schreiben angefangen hatte, in meine Schranken gewiesen. Das regelte die Hierarchie. Die Kollegen standen plötzlich in meinem Büro und erklärten streng, dass sie sich so etwas verbitten würden. Oder sie schickten mich los, für einen ihrer Texte einen letzten Satz zu suchen. Oder ihnen fiel, nachdem ich ein Thema vorgeschlagen hatte, ein, dass sie das lieber selber schreiben würden.

Wenn die Kollegen scherzen wollten, sagten sie: «Na, Sie schreiben doch hinterher bestimmt einen Roman über uns, oder?»

In der ganzen Stadt warben Plakate mit nackten Frauen für die Pornomesse. Unter anderen Umständen wären sie mir nicht aufgefallen, nun aber, da sie zu meinem Stoff geworden waren, sah ich sie überall. Der verantwortliche Redakteur stellte sich einen lockeren, auch witzigen Text vor. Es verstand sich von selbst, dass ich nicht moralisch, kritisch oder so werden solle. Als junge Frau ginge ich doch unverkrampft an die Sache heran? Ich wollte kein Spielverderber sein, und so fuhr ich mit meiner Akkreditierung für den Deutschen Bundestag in der Tasche – die bekam ich als Praktikant der Redaktion – zum Berliner Messegelände hinaus.

Plastikbeutelträger, Stoffbeutelträger, überhaupt Beutelträger, Hutträger, Schnauzbartträger, Billiganzugträger, Billigschuhträger. Manche der Ausstellungshallen waren hell erleuchtet, andere blieben im Dunkel. Ich führte ein Interview mit der Pressesprecherin von Beate Uhse. Das Unternehmen plante zu diesem Zeitpunkt eine Frauenoffensive. Mehr weibliche Kunden sollten angesprochen werden, und da ich meine Aufgabe als Journalistin ernst nahm, war die Pressesprecherin froh, dass sich jemand für dieses Unterfangen interessierte. Ich interviewte auch einen jungen Mann, der ganz allein in einer abgedunkelten Messekabine hockte, die er mit Bambus und anderen Urwaldgewächsen geschmückt hatte. Er wartete auf Kundschaft. Er glaubte, dass Sex mit Schwarzafrikanern vor heimischer Kulisse eine Marktlücke besetzen könnte. Während ich mit ihm sprach, entdeckte ich unter einem Berg von Kokosnüssen einen Fernseher, auf dessen Bildschirm wohl er selber, das konnte ich nicht gleich erkennen, ich musste unauffällig wieder und wieder hinsehen, mit mehreren Afrikanerinnen gleichzeitig kopulierte. Ich fragte ihn noch, ob er eigentlich ein Ein-Mann-Unternehmen sei, dann schaute ich, dass ich weiterkam.

In der Redaktion war die Damentoilette mein Rückzugsort, sie lag meinem Zimmer direkt gegenüber. Manchmal setzte ich mich auf den Klodeckel und dachte nach; es kann gut sein, dass ich dort auch einmal geweint habe. Da sich die Büros der Sekretärinnen am anderen Ende des Flures befanden, war ich vor fremden Blicken sicher. Außer von mir wurde die Toilette von niemandem benutzt. Sie gehörte mir allein. Ich hätte mich dort ausbreiten können, hätte ein Deo oder meine Zahnbürste in einen Becher auf die Ablage unter dem Spiegel stellen können, wie manche das auf ihren Bürotoiletten tun. Wenn es mir nicht zu blöd gewesen wäre, gestört hätte es sicher niemanden. Niemand hätte es bemerkt.

In der Wohnung gegenüber blieb alles still. Mehrmals in der Woche wurden frische Blumen in die Vase gestellt, ab und zu sah ich die Putzfrau, und die kleine Asiatin trug ihr Kind von einem Zimmer ins andere. Nur die Friedrichstraße lief weiter zu unseren Füßen, als wäre sie ein reißender Fluss. Wir saßen an ihrem Ufer, schauten aufs Wasser und ließen Papierschiffchen fahren. Erschien die Asiatin für längere Zeit einmal nicht, fing ich an, auf sie zu warten. Ich fragte mich, wer sie wohl war und was sie in dieser gottverlassenen Wohnung tat. Auf die einfachste Lösung kam ich erst zuletzt.

Allmählich begann ich, die einzelnen Zeichen wahrzunehmen und miteinander in Verbindung zu bringen. Ich weiß nicht mehr genau, wie es anfing und womit es zusammenhing. Heute stelle ich mir vor, dass es auf einer der morgendlichen Konferenzen war. Man besprach die Lage des Landes, und meine Augen glitten so über die Glasdächer, dass die anderen annehmen konnten, ich hörte ihnen zu und schaute ins Nichts. Dabei begann ich zu denken, oder wahrscheinlich erst einmal nur zu fühlen, dass irgendetwas hier nicht stimmte, nicht stimmen konnte. Irgendetwas war komisch. Vielleicht hatte es an dem Satz eines Kollegen gelegen. Vielleicht an einem Blick, den ich auffing, als ich quer durch das Zimmer des Büroleiters an allen vorbei zu einem freien Stuhl ging und mich setzte. Vielleicht fiel mir da zum ersten Mal auf, dass es in der Redaktion keine Frauen gab. Außer den Sekretärinnen im Vorzimmer gab es nur eine Redakteurin unter fast zwanzig Redakteuren, die täglich die Lage des Landes besprachen und über beinahe alles Auskunft zu geben wussten. Aus diesem Grund hatten sie ja die Wirklichkeit in Reviere aufgeteilt, und es schien sie nicht zu stören, dass sie selbst nur einen kleinen Ausschnitt derselben darstellten, nämlich jenen, der westdeutsch, männlich, zwischen vierzig und fünfzig Jahre alt und ohne Migrationshintergrund war, wahrscheinlich kaum Homosexuelle, sicherlich größtenteils verheiratet.

In dieser Redaktion habe ich das Frausein entdeckt. Es war ein Schock für mich. Es trat mir ausnahmslos als Einschränkung entgegen. Und die Einschränkung schien größer als die Entscheidung zwischen Kind und Karriere zu sein: Eine Frau sollte dem Leben nur zuschauen dürfen. Ich sollte dem Leben nur zuschauen dürfen. An den wichtigen Punkten war für mich kein Platz. Die Wirklichkeit definierten andere, Karriere hin oder her.

Dabei bildete diese Redaktion kaum eine Ausnahme. Es war nur zufällig eine der ersten professionellen Institutionen, in die ich mich begeben hatte. Es ging dort völlig normal und nicht absonderlich zu. Niemand störte sich an dieser Realität. Dass es mir komisch vorkam, lag an mir.

Ich war falschen Vorstellungen aufgesessen. Nur ich selbst hatte mir lange Zeit Illusionen gemacht und die Zeichen, die doch schon immer da gewesen waren, nicht beachtet. Ich hatte sie nicht lesen können. Und ich bin mir gar nicht sicher, ob der Grund dafür war, dass ich es nicht wollte.

Einmal – das war viel später und bei einer anderen Zeitung, ich war keine Praktikantin mehr und hätte längst vorgewarnt sein können – habe ich dann Gedanken über Angela Merkel zu Papier gebracht. Sie war inzwischen Bundeskanzlerin geworden. Jeder machte sich Gedanken über sie und brachte die zu Papier. Bei mir aber meldete sich hernach ein Redakteur und bat mich um ein Treffen. Eigentlich war er mit dem Text gar nicht betraut gewesen, aber er hatte sich der Sache angenommen und wollte nun, bevor der Artikel gedruckt würde, noch ein paar Änderungen mit mir durchsprechen, am liebsten in einem Café. Ich solle ihn vorher in seinem Büro abholen.

Auf dem Weg Smalltalk. Im Café begann es nett, er erkundigte sich nach Biographischem, nach Stationen meines Arbeitslebens. Es war ein bisschen wie ein Bewerbungsgespräch. Dann holte er meinen Text hervor, fünf Seiten Computerausdruck. Er legte sie auf den Tisch, und noch bevor ich mich wundern konnte, dass er keine Anmerkungen an den Rand geschrieben hatte, fing er an. Sein freundliches Gesicht verzog sich, und wenn ich zu Beginn noch versucht hatte, auf seine Einwände einzugehen – die da, das muss ich ihm zugestehen, tatsächlich noch inhaltliche waren –, gab ich es im Verlauf des Gespräches auf, mit ihm zu diskutieren. Er nahm jedes Wort, das ich sagte, und drehte es im Mund herum, bis er einen Einwand gefunden hatte.

Es dauerte eine Weile, bis ich begriff, dass er so lange mit mir ringen würde, bis ich den Text freiwillig zurückzog. Er wollte, dass ich ein Einsehen hatte. Er sollte mich zu nichts gezwungen haben.

Ich glaube, um Änderungen ist es dem Redakteur am Ende gar nicht gegangen. Er traf sich nicht mit mir, um Argumente auszutauschen, ein Für und Wider meiner Gedanken zu erörtern. Ihn störte etwas anderes, und er verriet sich, als er schließlich erregt rief: «Wer sind Sie denn, dass Sie Angela Merkel Ratschläge geben wollen!» Ihm ging es ums Prinzip, es gefiel ihm nicht, dass ich über so etwas Wichtiges wie die Bundeskanzlerin schrieb. In seinen Augen verhob ich mich als junge Frau an solchen ernsthaften Themen. Der Redakteur wollte auch, dass ich Zuschauerin blieb.

Ich hatte mich in dem Artikel mit Angela Merkels Aussagen zur Freiheit beschäftigt, schließlich lautete das Motto ihrer ersten Regierungserklärung «Mehr Freiheit wagen». Sie zitierte und verfremdete hierbei die berühmte Maxime des sozialdemokratischen Kanzlers Willy Brandt und verband so die beiden wichtigsten deutschen Identitätserzählungen der jüngeren Geschichte miteinander: nämlich die der ostdeutschen Wendeerfahrung von 1989 und die des Aufbaus einer Demokratie im westlichen Nachkriegsdeutschland.

Ich hatte der Bundeskanzlerin keine Ratschläge erteilt, ich hatte mich lediglich mit ihren Gedanken auseinandergesetzt. Und ich war kritisch gewesen. «Noch dazu in Ihrem Alter», stieß der Redakteur abschließend hinterher und wirkte selber nicht wie einer, der zugelassen hätte, dass man ihn als alt bezeichnete.

Ich gab auf. Ich gab mich geschlagen. Ich hatte keine Lust mehr zu diskutieren, und der Redakteur hätte mich wahrscheinlich auch nicht eher entlassen. Ich zog meinen Text zurück, und sein Gesicht wurde wieder freundlicher. Beim Abschied bot er mir sogar an, dass ich mich gern wieder an ihn wenden könne, wenn ich neue Themen hätte oder Ideen für Beiträge. Auf dem Weg nach Hause liefen mir Tränen übers Gesicht.

Seither bin ich im Lauf meines Arbeitslebens oft mit Redakteuren im Café gewesen, nachdem sie mir am Telefon mit strenger Stimme gesagt hatten, dass an meinen Texten noch viel zu machen sei. Manche schrieben mir auch witzig formulierte SMS in den Urlaub und baten mich, sie zu kontaktieren, damit sie sich dann, wiederum auf einen Kaffee, mit mir verabreden konnten. Andere erzählten mir, dass sie mich als Frau attraktiv fänden, oder fragten mich direkt, ob ich mit ihnen in ihr Wochenendhaus fahren wollte. Dazu wurden meine Stiefel, meine Jeans, meine Haare kommentiert. Es ist mir auch schon während einer Gehaltsverhandlung passiert, dass ich gefragt wurde, wie viel ich monatlich brauchte, um mir meine schicken Klamotten kaufen zu können.

Ich bin bei alldem stets freundlich geblieben. Ich wollte kein Spielverderber sein, und wie draußen im Leben war mir auch drinnen im Büro mancher dieser Männer sympathisch. Andere waren es nicht. Was ich allerdings von Mal zu Mal immer mehr verstand, schien wie ein Gesetz zu funktionieren: Man traf entweder auf Männer, die mochten, dass man eine Frau war, oder man traf auf Männer, die es nicht mochten.

So gesehen waren meine Arbeitserfahrungen im Grunde ein langer Prozess schrittweiser Desillusionierung, und ich bilde mir ein, beobachtet zu haben, dass auch viele Freunde ähnliche Erlebnisse hatten. Und zwar ganz gleich, ob Mann oder Frau. Es gab wohl kaum eine Generation, die durch Praktika, Stipendien, Vertretungsjobs und befristete Verträge ein so weit reichendes und konkretes Wissen über die ihr bevorstehende Arbeitswelt sammeln konnte und dabei so stark entmutigt wurde wie unsere. Der Mangel an Frauen scheint mir dabei nur ein Symptom einer gegenwärtigen Krise des Professionellen zu sein. Übermächtige Hierarchien, fehlende Führungskultur, Konkurrenzdruck, intransparente Entscheidungsvorgänge, mangelhafte Kommunikation, Mobbing, Günstlingswirtschaft gehören ebenfalls dazu.

Dem Professionellen fehlt das Korrektiv. Es bildet kein Bewusstsein von sich. Gerade in den Branchen, in denen Menschen einer sinnstiftenden Tätigkeit nachgehen, wird zwischen Drinnen und Draußen, zwischen Arbeit und Leben, Büro und Zuhause nicht mehr unterschieden. Es sind dies die Branchen, in denen wir als die Jungen, die Gutausgebildeten, die Ehrgeizigen arbeiten wollen. Dort gibt sich niemand Mühe, eine Trennung zwischen diesen eigentlich so verschiedenen Sphären vorzunehmen. Anstatt Regeln für die Arbeit zu definieren und sie vom Privaten abzugrenzen, wird alles miteinander vermischt.

Wir sind, was wir arbeiten, und so ist das Fehlen einer sinnstiftenden Tätigkeit unsere möglicherweise größte Vorstellung von Horror. Mit der Angst vor Arbeitslosigkeit hat das nicht viel zu tun. Die jungen Ehrgeizigen fürchten nicht um ihre Existenz. Sie haben Angst, nicht erfolgreich zu sein. Sie wollen ganz oben mitspielen und einen Job machen, der den hohen Anforderungen, die sie an sich selbst stellen, genügen kann.

Wenn ich an viele meiner Freunde denke, die als Mediziner, Journalisten, Schauspieler, in Verlagen, in Agenturen, beim Film, bei Zeitungen und Rundfunk- oder Fernsehsendern, in der Wirtschaft und in Forschungseinrichtungen frei oder angestellt arbeiten, dann sind all diese Menschen froh, dass sie dazugehören. Man lässt sie mitspielen. Gleichzeitig berichten nicht wenige von ihnen über einen frustrierenden Arbeitsalltag, den sie jedoch so schildern, als ließe sich daran nichts ändern und als wären die Ursachen ihrer Unzufriedenheit individuell. Sie sehen darin nicht das Allgemeine, sie nehmen ihre Situation nicht als ein gesellschaftliches Phänomen wahr und erzählen von ihren Problemen mit Vorgesetzten oder verhärteten Strukturen, die sie vom Inhalt ihrer Tätigkeit ablenken, höchstens engen Vertrauten. Ansonsten halten sie den Mund oder flüchten sich in Floskeln, die besagen sollen, dass nicht alles im Reinen ist, aber doch kein Grund zur Klage besteht. Über den Job klagen gehört sich nicht.

Wahrscheinlich haben wir deshalb aufgehört nachzudenken, was Arbeit für den Einzelnen bedeuten könnte. Die Folgen von Arbeitslosigkeit werden in der Gesellschaft oft thematisiert. Es scheint, als beschäftigen wir uns lieber mit den anderen, den Arbeitslosen, als uns unsere eigenen Geschichten zu erzählen. Die eine viel größere Anzahl Menschen betreffende Sphäre der Arbeit haben wir mit Schweigen überzogen, und denen, die dennoch darüber sprechen, wird vorgehalten, es in ihrem Job bloß nicht weit genug geschafft zu haben. Man unterstellt ihnen Verbitterung, Missgunst, unlautere Motive – diesem Text wird man das auch vorwerfen –, weil ein freiwilliger Verzicht auf Karriere als ebenso undenkbar gilt wie eine über den privaten Rahmen hinausgehende Kritik der Situation.

Im Nachhinein muss ich sagen, dass ich in meinem Leben bisher auf nichts so schlecht vorbereitet war wie auf das Arbeitsleben, und es war mir nicht bewusst. Ich hatte mich nach Schule, Studium und zwei längeren Auslandsaufenthalten eigentlich gut gewappnet gefühlt. Das Arbeitsleben aber brach mit ungeschriebenen Gesetzen und nirgends formulierten Riten und Ritualen über mich herein. Es funktionierte ganz anders, als man mir beigebracht hatte.

Ich bin ein Kind von 1989. Das klingt, ehrlich gesagt, aus heutiger Sicht romantischer, als es ist. Die Erlebnisse im Wendeherbst stellen meine wahrscheinlich prägendsten Erfahrungen überhaupt dar. Sie lehrten mich, dass man den Mund aufmachen muss. Dass eine eigene Meinung wichtig ist. Auch in der Schule sagte man uns, konstruktive Kritik bringe die Dinge voran, man dürfe sich nicht verbiegen und müsse die Gesellschaft aktiv mitgestalten. Wir sollten einen eigenen Kopf beweisen.

All diese Merksätze haben mir nichts genutzt. Heute frage ich mich ernsthaft, warum die Lehrer uns diesen Unsinn einst beibrachten. Sie können es nur aus einer Mischung vorwegnehmenden Gehorsams gegenüber der ihnen unbekannten freiheitlichen Ordnung, tatsächlicher Unkenntnis und einem diffusen schlechten Gewissen getan haben.

Die großen Konferenzen fanden im letzten Stockwerk des

Redaktionsgebäudes statt. Von hier wirkte die Welt kleiner, als sie in Wirklichkeit war. Es war leicht, den Überblick zu behalten. Das Glas der Fenster reichte fast bis zum Boden, und saß man auf der Bank, die sich an den vier Wänden des Konferenzraums entlangzog, verschaffte einem der Blick ins Freie ein beinahe erhabenes Gefühl. An dem riesigen schwarzen Tisch, der so wirkte, als wäre er im Ganzen vom Arm eines Krans in das von oben noch offene Gebäude gehoben worden, nahmen der Chefredakteur, seine Stellvertreter und die Ressortleiter Platz. Die Belegschaft der Redakteure saß am Rand auf der Bank. Der Stuhl, der der Tür am nächsten stand, war für den Gast.

Jeden Montagmorgen lud man einen Gast ein, der das Blatt, ganz offiziell, kritisieren durfte. Oft war das ein Prominenter aus Politik, Wirtschaft, Kultur oder aus dem Fernsehen, der nichts von den internen Abläufen im Haus wusste. Deshalb schätzte man seine Kritik als eine unabhängige, oft aber wirkte sie nur ahnungslos.

Ich erinnere mich nicht, ob ich an jenem Montagmorgen, als ich dieser Gast sein durfte, weil ein anderer, prominenterer, abgesagt hatte, ob ich an jenem Montagmorgen schon wusste, dass auf keinem der übrigen Stühle am schwarzen Tisch je eine Frau gesessen hatte. In der langen Geschichte des Hauses, die beinahe so viele Jahre wie die Bundesrepublik zählte, hatte es keine einzige Frau bis in die Leitungsebene geschafft. Man hielt Frauen hier offensichtlich für dümmer. Es kann aber gut sein, dass man es mir erst nach meinem Vortrag erzählte. Ich hätte meine Worte dann vielleicht mit mehr Bedacht gewählt, vielleicht wäre ich noch kritischer gewesen, ich weiß es nicht. Ich bin mir im Nachhinein nur sicher, dass die Tritte der Männer, die ich, während ich sprach, unter dem Tisch spürte, keine Einbildung gewesen sind.

Ich weiß heute auch, dass Männer auf Arbeit eigentlich die gleichen Probleme haben wie Frauen, dass viele von ihnen unter denselben Krisensymptomen leiden, nur dass sie andere Schlüsse daraus ziehen. Männer resignieren, oder sie versuchen, sich zu behaupten. In jedem Fall aber verbleiben sie in ihrem Beruf, während Frauen in großen Zahlen aussteigen, weil die weibliche Rolle diesen Rückzug ins Private für sie schon immer vorgesehen hat. Seit jeher gilt dieser Schritt für Frauen als eine logische Folge ihrer biologischen Bestimmung und keineswegs als aktive Reaktion auf die Bedingungen des Arbeitsmarktes.

Es ist nun an den jungen Frauen, an den Mädchen unserer Generation, die Bedingungen einer Teilhabe am Berufsleben ebenso neu zu formulieren wie den Verzicht auf Karriere. Das wäre Gleichberechtigung, denn ich bin sicher, dass junge Frauen heute häufig aus anderen Gründen zu Hause bleiben als ihre Großmütter und Mütter. Sie haben oft kein Haus und keinen Hof zu bestellen, sie haben keine Schar von Kindern zu versorgen, sie müssten nicht zu Hause bleiben. Sie resignieren vor der Wirklichkeit, vor der Arbeitswelt, wie sie sich ihnen im Moment darstellt. Vielleicht weil sie eher bemerken, dass eine erfolgreiche Karriere nicht unbedingt voraussetzt, die Klügste, Beste und Fleißigste zu sein; dass es selten um einen fairen Wettkampf geht; sondern dass es oft darauf ankommt, sich in Machtspielen zu behaupten. Und dass sie darauf keine Lust haben.

Für die Generation von Alice Schwarzer war beruflicher

Erfolg ein Synonym für Gleichberechtigung. Eine Karriere versprach Unabhängigkeit und Selbstbewusstsein, auch wenn es oft nicht viel mehr als eine enorme Anpassungsleistung an eine von Männern dominierte Arbeitswelt bedeutete. Dieses Modell erscheint mir heute ebenso überholt wie eine Existenz als Hausfrau und Mutter. Es gilt, einen dritten, einen neuen Weg zu finden.

Die Asiatin war von einem Tag auf den anderen aus der Wohnung im Haus gegenüber verschwunden. Das riesige Zimmer, das ich von meinem Schreibtisch aus einsehen konnte, wirkte nun noch leerer als zuvor. Eines Abends, ich hatte meine Wohnungsschlüssel vergessen und musste noch einmal ins Büro zurück, sah ich, wie sie mit einem Mann, wahrscheinlich ihrem Ehemann, an der langen Tafel saß und aß. Sie hatte ein Kleid angezogen, während ihr Mann sein Sakko und seine Krawatte locker über die Lehne eines Stuhles gelegt hatte. Die oberen Knöpfe seines Hemdes waren geöffnet, die Ärmel hatte er bis zu den Ellbogen hochgekrempelt. So schaute sie ihm zu, während er ihr etwas erzählte, und ich dachte bei mir, dass so also die banale Lösung jenes Rätsels aussah, das sie mir in den letzten Wochen aufgegeben hatte. Und ich sah sie in der nächsten leeren Wohnung in der nächsten großen Stadt vor mir, wie sie mit dem Kind auf dem Arm herumging und auf ihren Mann wartete, bis der von der Arbeit kam. Die Frau tat mir leid.

Aber auch mein Praktikum ging zu Ende, es war an der Zeit, meine Sachen zu packen. Viele der auf dem Schreibtisch liegenden Zettel und Zeitungsartikel warf ich in den Papierkorb, ich wusste nicht, was ich mit ihnen anfangen sollte. Ich hatte in den letzten Wochen viel gelernt, meine Reportage über die Sexmesse blieb der einzige Text, der es ins Blatt geschafft hatte.

Mädchenkram.
Über die lange Liebe

In einer Zeitschrift las ich einmal einen Artikel über einen Mann, der seiner Frau in der Silvesternacht eine Kugel in die Brust schoss, weil er aufgewacht war und glaubte, sie sei hinunter ins Wohnzimmer gegangen, um mit ihrem Liebhaber zu telefonieren. Sie habe sich etwas zu trinken holen wollen, sagte die Ehefrau später der Journalistin, ihre Affäre mit einem Handelsvertreter sei zu diesem Zeitpunkt vorbei gewesen. Ihr Mann wiederum sagte, er habe, als er gegen fünf Uhr morgens aufwachte und seine Frau nicht neben ihm lag, wieder jene Enge in der Kehle empfunden, die er das erste Mal verspürt hatte, als er erfahren habe, dass seine Frau ihn betrog. «Ich reagierte über», sagte er. Die Frau ist seit jener Nacht querschnittsgelähmt. Die Kugel drang unterhalb ihres linken Schlüsselbeins in den Körper, ging knapp am Herzen vorbei und zertrümmerte den vierten und fünften Brustwirbel. Mit Hilfe von Freunden und der Familie baute das Ehepaar das Haus rollstuhlgerecht um. Über dem Artikel, der in dem evangelischen Magazin *Chrismon* erschienen war, stand in Großbuchstaben: «verzeihen».

Ich las den Bericht über das Ehepaar in dem Büro am Hamburger Stadtrand, in dem ich zu der Zeit arbeitete. Ich riss die Seiten aus dem Heft und tat sie in die gelbe Mappe, in der ich meine Gehaltsbescheinigungen sowie die Rundschreiben des Betriebsrats aufbewahrte. Die Mappe legte ich zurück in die Schublade und kochte mir in der Kaffeeküche einen Tee aus Mandarinen und Ingwer, während ich zusah, wie zwei Meisen am kahlen Strauch vor dem Fenster an der Futterkugel pickten. Dann wandte ich mich wieder den Dingen zu, die der Bürotag von mir verlangte. Es war, als hätte der Artikel ein Thema angesprochen, dessen Wichtigkeit mir zwar klar war, mit dem ich mich aber erst zu einem späteren Zeitpunkt meines Lebens beschäftigen wollte. Ich hatte keine wirkliche Vorstellung davon, was das bedeuten könnte – jemandem, dem Mann, den man liebt, zu verzeihen. Während mich treue Freundschaft mit Frauen verband, war es mir bislang nicht gelungen, eine offene und aufrichtige Liebesbeziehung zu einem Mann einzugehen, eine Beziehung, die unter anderem auf Nachsicht und Großzügigkeit beruht hätte.

Am Abend würde ich den Mann, mit dem ich damals zusammen war und der in München wohnte, vom Flughafen abholen. Sven und ich sahen uns alle drei Wochen für ein Wochenende; dazwischen traf ich mich mit anderen Männern, weil ich meinte, dass von meinem Ich, wenn ich es Sven allein anvertraute, nichts übrig bliebe, falls er mich eines Tages verlassen sollte. Ich wollte auf keinen Fall mehr geben, als ich am Ende zurückerhalten würde. Das war mir schon zu oft passiert. Immer war ich es gewesen, die mehr investiert, die mehr versucht und riskiert hatte; ich hatte mich intensiver mit den Beziehungen beschäftigt, und wenn sie vorbei waren, hatte ich länger gelitten. Männer bestimmten über meine Sehnsüchte, während ich in ihren kaum vorkam. Sie standen über den Dingen.

Ich dagegen verstrickte mich in meinen Erwartungen und Enttäuschungen. Inzwischen fand ich es deshalb vernünftig, meine Verbindungen mit ihnen nicht mehr so ernst zu nehmen.

Ich denke heute anders über diese Dinge. Mir ist heute klar, dass es sich bei meinen Auffassungen von Männern – der, dass sie sich für die Liebe im Grunde wenig interessieren – gar nicht um Einsichten aus eigener Erfahrung handelte. Vielmehr hatte ich ein überliefertes Bild vor Augen, zusammengesetzt aus Büchern, Filmen und den Erzählungen anderer. Diese Vorstellung von Männlichkeit war eben nichts als dies: eine Vorstellung; eine Perspektive, aus der wir die Dinge betrachten und deuten. Frauen warnen sich gegenseitig, die Mutter ihre Tochter, Freundinnen, Schwestern – davor, welche Verheerungen ein Mann in ihrem Herzen anrichten kann, weil ihm seine Freiheit und Unabhängigkeit am Ende nun mal mehr bedeuten als die Liebe. Wir meinen, die Liebe sei etwas Weibliches und für Männer nicht so wichtig. Das emotionale Gefälle, das daraus entsteht, nehmen Frauen häufig als Unterlegenheit wahr. Es sind alte Konstruktionen und inzwischen Klischees. Doch sie beeinflussen unsere Idee von Liebe, die Bilder, die wir von einer Beziehung, vom Zusammenleben, von Ehe haben. Die Liebe, glauben wir noch heute, ist Mädchenkram.

Sven und ich telefonierten jeden Abend. Wir erzählten uns, wie wir den Tag verbracht hatten. Heute lassen mich diese Gespräche an die Tagebucheinträge denken, die ich in der ersten Klasse in ein kleines schwarzgebundenes Buch schrieb, das meine Mutter mir geschenkt hatte. Ich fertigte abends eine Art Tagesprotokoll an, wobei ich Ort und Uhrzeit meiner Aktivitäten notierte. In der Schule hatte ich schreiben gelernt, aber ich wusste noch nicht, dass man mit dem Aufschreiben von Wörtern auch Geschichten erzählen kann. Ich mochte einfach die Bewegung der Hand, wenn sie über das Papier fuhr und die kleinen Gebilde, die Buchstaben, zeichnete. Die Gespräche jedenfalls, die Sven und ich führten, waren kein Austausch von Bedeutung, sondern ein Formen von Worten um des Geräusches willen, das beim Reden entsteht. Ich lag auf meinem Bett, sah hinauf an die Decke meines Schlafzimmers und erzählte ihm, dass die Hamburger S-Bahnen zu den schmutzigsten in Deutschland gehörten, und er erzählte mir, dass er sich gerade einen dieser abgepackten Salate aus dem Supermarkt zubereite, die übrigens nicht so schlecht seien wie ihr Ruf.

Häufig verbrachten wir die Wochenenden in anderen Städten, trafen uns in Antwerpen, in Rom, in Nizza, in Barcelona, fuhren von München ins Elsass oder von Hamburg an die Ostsee. Die Hotels, in die wir gingen, waren nicht besonders, meistens entschieden wir uns für das günstigste, das das Reiseportal im Internet anbot. Dennoch gefiel es uns in diesen Zimmern, die nicht unsere waren, und an den Orten, an denen keiner von uns sich zu Hause fühlte. Wenn ich an Sven denke, sehe ich die schönen Kulissen, vor denen sich unsere Beziehung abgespielt hat: Ich sehe die kahlen Berge von Kreta, einen Strand am französischen Mittelmeer, Frauen in bunten Badeanzügen mit schwerem Goldschmuck, ich sehe südländische Markthallen, das Straßburger Münster und die Giebelhäuser von Amsterdam. Wahrscheinlich ahnten wir, dass wir uns nicht nah genug waren, um so etwas wie Alltag gemeinsam erleben zu wollen.

Es galt eine unausgesprochene Vereinbarung zwischen uns. Einmal hatten wir auf einer Zugfahrt von Hamburg nach Kopenhagen einen jener Persönlichkeitstests gemacht, die in Frauenzeitschriften zu finden sind. An das Thema und die Fragen erinnere ich mich nicht, aber eine der Antworten, die Sven ankreuzte, lautete sinngemäß, dass er es bevorzuge, vom Seitensprung seiner Partnerin nichts zu erfahren, und von ihr ebensolche Diskretion erwarte. Dieser Moment in dem hellerleuchteten Großraumabteil des dänischen Zuges, in dem es nach den Keksen der Kinder roch, die hinter uns saßen, dieser Moment kam mir damals beinahe innig vor. Es war, als gäben wir uns ein Versprechen.

Heute erscheint es mir abwegig, jemandem zu versprechen, dass ich lügen werde, da ein Versprechen ja Aufrichtigkeit, sozusagen als grundlegende Eigenschaft, voraussetzt. Aber ich spielte eben mit Sven die Liebe nur nach, mit den üblichen Ritualen, den Wochenendreisen zu zweit, den leisen Gesprächen abends am Telefon, den Zusicherungen und Beteuerungen – weil ich mich gegen das wehrte, was diese Formen hätte füllen können, die Zuneigung, das Vertrauen und die eigentlichen Erwartungen.

Jedenfalls hielt ich mein Versprechen und achtete darauf, dass Sven von meiner Bekanntschaft mit einem Filmausstatter, den ich einige Wochen lang traf, nichts erfuhr. Der Filmausstatter fuhr einen weinroten Kastenwagen, auf dessen Ladefläche sich Kartons mit Handwerkszeug, CD-Hüllen, leeren Flaschen und staubigen Umzugsdecken stapelten. Er brachte mir, als er von einem Job im

Iran zurückkehrte, ein *KitKat* mit persischen Schriftzeichen mit. Wahrscheinlich wäre Sven nicht unbedingt damit einverstanden gewesen, dass ich mit dem Filmausstatter im *Vienna* ein Wiener Schnitzel aß. Aber ich glaubte nicht, ihn wirklich zu verraten. Schließlich waren ihm andere Dinge viel wichtiger als ich, sein Job am Institut für Sportwissenschaften, die Vorbereitung auf den Marathon in Florenz, an den Wochenenden die Wanderungen in den Alpen. Ich fehlte ihm nicht besonders, wenn ich nicht bei ihm war. Ich kam nicht auf die Idee, dass irgendetwas, das ich tat, Sven verletzen könnte.

Meine Untreue, das muss ich heute so sagen, beruhte immer auf einem Kalkül. Ein Seitensprung war für mich nie ein impulsiver Akt oder Ausdruck unbändiger Leidenschaft, die alle Regeln ignoriert und feste Formen scheut. Es ging dabei so wenig um unbekümmerte Lebensfreude wie im System des Konkubinats der chinesischen Monarchie, das schließlich vor allem dem Machterhalt diente. Wie die polygame Ehe der Mormonen mehr mit Ideologie als mit Hingabe zu tun hat, lag auch meiner Untreue eine Idee zugrunde. Die Idee, die ich nicht formulierte, sondern nur diffus als Gefühl wahrnahm, bestand darin, dass es für mich immer eine Alternative für die jeweilige Situation geben sollte. Ich war mit meinen Gedanken nie an nur einem Ort: Ich dachte an den Filmausstatter, wenn ich bei Sven war, und an Sven, wenn ich beim Filmausstatter war.

Vor allem war ich nicht auf Sven angewiesen, auf ihn und seine Entscheidung, zu wie viel Innigkeit er bereit war. Am Sonntagmorgen, wenn ich bei dem Filmausstatter gewesen war, fuhr ich in der leeren U-Bahn nach Hause, kochte mir einen Kaffee, machte den Abwasch vom Vortag, ließ mir ein Bad einlaufen, räumte meinen Schreibtisch und meinen Kleiderschrank auf. Ich wusste, dass ich mich nicht auf Sven verließ, und für den Moment verlieh mir die Abwesenheit von Vertrauen Sicherheit. So konnte ich glauben, nichts von Sven zu erwarten, weil mir offenbar die Vorstellung, bestimmte Erwartungen gar nicht erst zu haben, lieber war als die, dass sie enttäuscht werden könnten.

Vor ein paar Wochen habe ich die herausgerissenen Seiten mit dem *Chrismon*-Artikel zufällig wiedergefunden. An meinem letzten Arbeitstag in dem Büro am Hamburger Stadtrand räumte ich die Schreibtischschublade aus, und als ich gerade die gelbe Mappe mit den Papieren des Betriebsrats wegwerfen wollte, sah ich das Foto der Frau im Rollstuhl wieder, ihr lachendes Gesicht und ihren Mann, der vor ihr kniet, sie legen die Stirn aneinander. Es war Anfang Juli und einer der heißesten Tage des Jahres. Zum Abschied hatte ich zwei Gläser nicht ausreichend gekühlten Prosecco mit meinen Kollegen getrunken. Sie saßen noch in der Küche, ich hörte sie lachen; in unseren Büros unter dem Flachdach aus den sechziger Jahren war es so heiß, dass man sich ohnehin nicht konzentrieren konnte. Irgendwann war ich an meinen Schreibtisch zurückgegangen, um noch ein paar Sachen zusammenzupacken. Auf dem Hängeregistraturschrank stand noch ein Teller mit einem Rest Marmorkuchen, den man mir zum Abschied mitgebracht hatte. Ich würde zurück nach Berlin gehen.

Mir fiel wieder ein, wie ich Sven an jenem Freitag, an dem ich den *Chrismon*-Artikel zum ersten Mal las, abends davon erzählt hatte, während wir beim Italiener im Eppendorfer Weg darauf warteten, dass einer der wenigen Tische frei würde. Sven sagte, dass die Frau wahrscheinlich auf den Mann angewiesen und deshalb wohl oder übel bei ihm geblieben sei. Das allerdings finde er erstaunlich, da es ja mittlerweile ganz gute Pflegedienste gebe.

Sven konnte sich offenbar genauso wenig wie ich vorstellen, dass man sich etwas verzieh. Darin waren wir uns einig. Ich dachte, dass das Ideal der nachsichtigen, opferbereiten Frau doch überholt war. Vergebung war für mich, wie das Gebot der Jungfräulichkeit der Braut, eine lange überkommene kulturelle Praxis, aus einer Zeit, in der sich Männer noch Verhaltensregeln für Frauen ausdachten und Frauen sich noch darauf verließen, dass es sich um die richtigen handelte. Warum blieb sie bei ihrem Ehemann? Warum ließ sie ihn so leicht davonkommen? Verzeihen war in den Konstellationen, in denen ich lebte, nicht vorstellbar. Verzeihen war Ausdruck einer Verbindlichkeit, von der wir nichts wissen wollten.

Jene Zeit damals mit Sven stelle ich mir gern als eine Art Vorgeschichte zu meinem richtigen Leben vor. Im Telefonbuch meines Handys waren fast ausschließlich männliche Vornamen verzeichnet, und ich wog sechs Kilo weniger als heute. Ich stelle mir gern vor, dass ich jetzt ein anderer Mensch bin, erwachsener, ausgeglichener; dass ich zu meinen Werten und Überzeugungen gefunden habe und endlich Ruhe einkehren kann. Sven und ich mailen uns noch manchmal, aber es ist schon eine Weile her, dass wir uns das letzte Mal gesehen haben.

Ich bin heute mit einem Mann zusammen, den ich nicht anlüge und der mich nicht anlügt. Wir geben uns echte Versprechen, die wir halten. Er hört mir zu, wenn ich ihm etwas erzähle, und ich unterlasse es meistens, mich in einem besseren Licht darzustellen. Ich mag den Gedanken, dass ich von einem nervösen Mädchen zu einer vernünftigen jungen Frau geworden bin, die über bedeutendere Dinge als ihr Gewicht nachdenkt und etwas isst, wenn sie Hunger hat. Ich mag den Gedanken, dass meine Geschichte gut ausgegangen ist. Dass meine Suche ein Ende nahm, als ich den Mann traf, mit dem ich heute zusammenlebe, der groß ist und schöne grüne Augen hat. Er kauft gerne Gladiolen, die er in eine Vase auf den Esstisch stellt. Vor kurzem sind wir in eine Wohnung mit breiten Dielen gezogen, von deren Küchenfenster aus man viel Himmel und den Fernsehturm am Alexanderplatz sieht. Im letzten Sommer sind wir nach Cape Cod gefahren, wo wir ein Haus am Strand gemietet haben. Wir saßen am Nachmittag auf der Terrasse und gingen abends in Provincetown Lobster Rolls essen.

Mir gefällt die Vorstellung, mein Glück sei so ganz und vollkommen, dass man darüber nicht sprechen muss und unser Buch mit diesem Kapitel enden kann.

Aber das ist nur die halbe Wahrheit. In Wirklichkeit bin ich so, wie ich immer war. Ich denke oft über mein Gewicht nach. Überhaupt ist die Liste der Eigenschaften, über die ich gerne verfügen würde, immer noch lang. Regelmäßig fasse ich gute Vorsätze, ich nehme mir vor, häufiger Sport zu machen, nicht so viel Geld für Klatschmagazine auszugeben, stattdessen mehr Sachbücher zu lesen, und nicht immer so verschlossen zu sein, ein bisschen ausgelassener und auch mal auf Leute zuzugehen. Ich sollte nicht so spät aufbleiben. Ich sollte nicht so viel Zeit im Internet verbringen. Ich bin zu ungeduldig, prinzipiell oder zum Beispiel, wenn ich im Supermarkt an der Kasse warten muss. Ich sollte ordentlicher sein. Ich könnte mich allgemein um ein positiveres Denken bemühen.

In Wirklichkeit ist meine Suche ebenso wenig zu Ende wie meine Geschichte, und von zuversichtlicher Ruhe und Ausgeglichenheit kann nicht die Rede sein. Heute gibt es jemanden, dem ich mich manchmal anvertraue: Nur das ist es, was sich geändert hat. Nicht mehr und nicht weniger. Die Liebe hat mich nicht zu einem anderen Menschen gemacht. Die Liebe, könnte man sagen, hat mich nicht glücklich gemacht. Oder genauer: Sie macht mich eben nur so glücklich, wie ich es aus eigener Kraft sein kann. Vielleicht klingt das verbittert oder enttäuscht. Vielleicht hört es sich an, als hätte ich den richtigen Mann noch nicht gefunden und die Hoffnung darauf jetzt verloren. Das meine ich aber nicht.

Es war für mich eine durch und durch erleichternde Einsicht, dass nicht ein Mann mich glücklich machen würde, sondern mir dies selbst gelingen muss.

Sie kam mir auf dem Rückflug von München nach Hamburg, ein paar Stunden nachdem ich mein Versprechen Sven gegenüber gebrochen und ihm von dem Filmausstatter erzählt hatte. Beim Start sah ich den orangenen Lichtern des Münchner Flughafens nach und versuchte, mich davon zu überzeugen, dass Fliegen die ungefährlichste Art des Reisens überhaupt ist. Ich überschlug im Kopf, wie viele Maschinen allein in München an diesem Tag sicher gelandet waren; ich ging in Gedanken Statistiken durch: Man muss mehr als zwei Milliarden Kilometer im Flugzeug zurückgelegt haben, bevor der Wahrscheinlichkeitsrechnung zufolge das abstürzt, in dem man sitzt. Ich hatte viel über Flugangst gelesen, weil ich hoffte, ihrer durch das Zusammentragen von Informationen Herr zu werden. Aber mein Detailwissen hatte mich nicht weitergebracht, und auch meine Methode, mich mit der Angst zu konfrontieren und einfach regelmäßig zu fliegen, funktionierte nicht. In der Kabine leuchteten die kleinen Lampen über den Sitzen, das Flugzeug stieg leicht schwankend höher. Wahrscheinlich müsste ich endlich an einem dieser Flugangst-Seminare teilnehmen, die die Airlines anbieten, dachte ich. Aber aus irgendeinem Grund fürchtete ich die Ironie des Lebens und stellte mir vor, dass ich gerade nachdem ich einen solchen Kurs besucht hätte, bei einem Absturz umkommen würde. Angst hat eine ganz eigene Logik.

Sven und ich hatten am Nachmittag im Café gefrühstückt, waren dann einen Umweg über den Viktualienmarkt gegangen, und auf dem schmalen Bürgersteig der vierspurigen Blumenstraße hatte ich schließlich begonnen, vom Filmausstatter zu erzählen. Ich weiß nicht, was mich dazu bewogen hat. Vielleicht dachte ich, auf diese Weise würde eine Nähe zwischen uns entstehen, die ich mir plötzlich, aus einer Stimmung heraus, wünschte. Ich stellte mir vor, dass wir einen Nachmittag lang offen miteinander wären, dass wir uns alles sagen, uns die Affären und Seitensprünge gestehen und so eine uns bislang unbekannte Verbundenheit erreichen würden. Ich dachte, dass wir zu anderen Personen werden und noch einmal von vorne anfangen könnten.

Aber Sven und ich waren nicht dafür gemacht, uns einander nahe zu fühlen. Wir hatten kein Gespür für den anderen, weil wir uns eben vor allem für eines interessierten: die eigene Haut zu retten. Deshalb brauchte ich auch eine Weile, bis ich verstand, warum Sven einfach weiterging, nachdem ich ihm mein Geständnis vorgetragen hatte, das ja trotz allem ein romantisches werden sollte: weil er selbst gar kein Geständnis zu machen hatte. In diesem Moment, in dem sich die festen Vorstellungen auflösten, die ich von uns hatte, von Sven und mir, von Vertrauen, Verantwortung, Schuld und Aufrichtigkeit – in diesem Moment stürzte etwas in mir zusammen, so wie ein schmelzender Eisberg ins Meer rutscht.

Meine selbstverständlichen Annahmen, dachte ich, als das Flugzeug über den Wolken war, meine voreiligen Schlüsse, meine Gewissheit, dass ich betrog, allein weil ich mich selbst für eine Betrogene hielt, hatten auf einer Empfindung beruht, die nur als umfassendes Misstrauen beschrieben werden kann, ein Misstrauen, das Frauen, wie ich denke, Männern gegenüber nicht selten haben. An der Oberfläche nimmt es unterschiedliche Formen an, Eifersucht, Empfindlichkeit, Unsicherheit, Trotz. Zugrunde liegt immer das Gefühl, unterlegen zu sein, entstanden aus der Idee, die Liebe sei das Lebensziel einer Frau, während sie für einen Mann nur eine nachrangige Rolle spiele.

In der bürgerlichen Gesellschaft war die Liebe lange die einzige Beschäftigung, der eine Frau nachging, die Liebe war ihr Beruf, die Ehe ihre Karriere. Damals waren Frauen vor allem deshalb für das Private zuständig, weil sie vom öffentlichen Geschehen ausgeschlossen waren. Aber heute sind es noch immer sie, die sich ausführlich mit diesem Thema beschäftigen. Die Zeitschriften und Bücher, die sie lesen, die Filme, die sie sehen, die Musik, die sie hören: Werden Frauen angesprochen, geht es um die Liebe. Gespräche unter Freundinnen handeln von Beziehungsproblemen, von gelungenen und missratenen Dates, von Ehe, Heirat und kurzen Affären, von Ehemännern und Lebensgefährten. Die Liebe ist noch immer ein Frauenthema.

«Wagen Sie Experimente. Halten Sie die Augen offen. Es könnte mehr als nur ein Flirt sein ...», las ich in meinem Horoskop in der Zeitschrift, die ich mir am Flughafen gekauft hatte. Die Liebe, so sagte mir auch diese Zeitschrift, wartet irgendwo auf dich, und du wirst glücklich sein, wenn du sie findest.

Ich bin dieser Idee überall begegnet und habe sie irgendwann für meine eigene gehalten, überlegte ich, als ich der Stewardess zusah, wie sie die Getränke servierte. Erst jetzt fiel es mir auf: Ich hatte ebendiese großen Erwartungen und Hoffnungen gehabt. Ich hätte es nie zugegeben, aber ich habe geglaubt, die Liebe würde mich von jeder Sorge befreien und jeden emotionalen Konflikt für mich lösen. Verstörende Gefühlszustände, Unsicherheiten, Einsamkeit, Unruhe würden dann einer traurigen Vergangenheit angehören. Und so war ich immer enttäuscht, wenn die Beziehungen, die ich einging, dies nicht zu leisten vermochten. Dabei ist es wie mit der Flugangst, dachte ich, als das Flugzeug kurz schaukelte und ich einen Moment die Augen schloss. Wie ich glaube, jeder Statistik, jeder eigenen Erfahrung zum Trotz, Angst vor dem Fliegen haben zu müssen, so ist das Denken eben bestimmten Vorbehalten und Widerständen ausgesetzt, die man, wenn überhaupt, nur selbst überwinden kann. Und seltsamerweise hat gerade mein übersteigerter Anspruch an Beziehungen mich daran gehindert, wirkliche Nähe einzugehen, zu vertrauen und, ja, zu verzeihen.

Die Liebe als weibliche Romantik zu begreifen ist allerdings keine individuelle Idee. Jene Trennung zwischen dem Privaten und dem Öffentlichen, die die bürgerliche Gesellschaft mit ihren gegensätzlich angelegten Geschlechterrollen seit jeher vorgenommen hat, setzt sich in der Gegenwart fort: Frauen gehen ihren verträumten Vorstellungen von Liebe und ihren jeweiligen Enttäuschungen nach, während Männer sich um das kümmern, was wir für die wirklich wichtigen Dinge halten.

Dabei könnte uns die Liebe, wenn man sie nicht als Rührstück begreift, wichtige Antworten über uns selbst geben. Denn die Art, wie wir unser Liebesleben gestalten, sagt viel aus über unsere Voreingenommenheiten, unsere unausgesprochenen Erwartungen, aus denen sich reale Machtverhältnisse und soziale Strukturen ergeben. Die Vorstellungen, die im Privaten, auf einer emotionalen Ebene, entstehen und auf den ersten Blick auch nur dort wirksam zu sein scheinen, haben Einfluss darauf, wie wir uns als Mitglied der Gesellschaft verhalten. Die Frage, wie wir lieben, ist am Ende die Frage, wer wir sind. Und die Frage, wie eine Gesellschaft liebt, ist nichts anderes als die Frage, wie eine Gesellschaft ist.

Bis heute bin ich die Flugangst nicht ganz losgeworden. Ich beschäftige mich nicht mehr so viel damit. Ich nehme es einfach hin, dass es so ist. Auf langen Flügen habe ich verschreibungspflichtige Schlaftabletten dabei, auf kurzen versuche ich, mich zusammenzureißen.

Von meiner Küche aus sehe ich auf den Fernsehturm am Alexanderplatz. Ich habe gerade den Rest der Lammkeule gegessen, die ich gestern Abend für ein paar Freunde, die zum Abendessen da waren, zubereitet habe. Es war das erste Mal, dass ich eine Lammkeule gemacht habe. Vor ein paar Wochen habe ich meine erste Hühnersuppe gekocht. Ich hätte mir das vorher nicht vorstellen können, ich habe lange, wie viele Frauen, glaube ich, Wert darauf gelegt, nicht kochen zu können und in meinem Kühlschrank außer Wodka höchstens noch ein Glas Senf und eine Tube Harissa aufzubewahren.

Die Wohnung, in der wir wohnen, ist schön und großzügig, wir haben ein Bild an der Wand angebracht, ein großes, auf Metall aufgezogenes Foto von einem verschneiten Rosenkohlfeld, von den knorrigen Pflanzen, die halb mit Schnee bedeckt ungewöhnlich schön aussehen. Über dem Esstisch hängt eine Lampe. Die Anzahl der Lügen, die ich täglich ausspreche, hat sich deutlich reduziert, und deshalb könnte man vielleicht sagen, ich sei *näher bei mir selbst.*

Von Ruhe und Ausgeglichenheit aber kann nicht die Rede sein.

Genauso wenig möchte ich die Zeit damals, in der bei mir noch keine Bilder an der Wand hingen, als Eskapaden eines jungen Mädchens abtun; damals, als ich auf Anrufe gewartet habe, die ausblieben oder nicht, Verabredungen traf, die mich langweilten, verwirrten, enttäuschten oder manchmal auch begeisterten. Ich stelle mir heute dieselben

Fragen wie früher, darüber, was Romantik und Liebe und Intimität für mich bedeuten: Wie nahe lasse ich jemanden an mich heran? Was heißt es für mich, jemandem nahe zu sein? Wie viel Abhängigkeit, ein immerhin wertvolles Gefühl, will ich zulassen? Und wie viel Unabhängigkeit brauche ich? Diese Fragen sind für mich heute noch genauso wichtig.

Am Abend gehe ich zu James, er macht wieder seine Bar, in seiner Wohnung im achten Stock eines Hochhauses am Kottbusser Tor. Das Haus wird gerade saniert und ist ganz in graue Bauplane gehüllt. Alle anderen Mieter sind schon ausgezogen, nur James lädt jede Woche auf ein Champagner-Absinth-Gemisch in seine Wohnung ein, in der ein paar seiner Entwürfe an der Wand hängen und sich außer einem großen Tisch und einem Kühlschrank nichts zu befinden scheint. Im Treppenhaus ist es kalt und es riecht nach Hundedreck. Oben angekommen, gehe ich mit James auf den Balkon, weil er mir zeigen will, wo er ein Loch in die Plane geschnitten hat, sodass man einen weiten Blick über die Stadt hat. Er reicht mir einen Plastikbecher mit Brandy; ich sage, du weißt, das ist kein Date, wir beide sind Freunde. Und James sagt, wie du willst.

Ich bleibe noch einen Moment allein auf dem Balkon und sehe die Lichter der Stadt unter mir und dazwischen immer wieder dunkle Flecken, die Brachen, all die unbewohnten, ungewollten Orte, für die Berlin sich lange geschämt hat und auf die es seit einiger Zeit stolz ist. Auf die weiten Flächen, die sich mitten im Zentrum auftun, auf die breiten, leeren Straßen, den freien Blick auf den Himmel, auf das Unfertige und Raue, die Anmut, die mit Ebenmaß nichts zu tun hat, darauf, dass eine neue Idee urbaner Schönheit hier entstanden ist.

Ich nehme einen Schluck Brandy, er schmeckt scharf und süß; am Ringfinger trage ich einen schmalen goldenen Ring mit einem winzigen Stein. Er sieht ein bisschen wie ein Verlobungsring aus, und tatsächlich werde ich, seit ich ihn trage, manchmal gefragt, ob ich jemandem versprochen sei. Aber ich habe ihn mir vor ein paar Wochen selbst gekauft. Ich habe mir schon lange einen solchen Ring gewünscht. Mein Freund ist mit zum Juwelier gekommen. In dem Laden auf der Friedrichstraße war dicker dunkelgrüner Teppich ausgelegt, durch das Sicherheitsglas vor den Schaufenstern hörte man den Autolärm von draußen nur noch schwach. Wir saßen auf gepolsterten Stühlen an einem der Vitrinentischchen, während eine sorgfältig frisierte Dame im schwarzen Kostüm mir verschiedene Ringe zeigte. Mir war ein bisschen feierlich zumute, nicht nur, weil hier drinnen eine andächtige Stille herrschte, ich wollte den Ring mit Bedacht wählen, da ich ihn, im Gegensatz zu den meisten anderen Dingen, die ich mir sonst kaufe, lange behalten möchte. Ich war aber ganz froh zu sehen, dass in dem Laden nicht alles perfekt war, dass auf der gläsernen Oberfläche des Tisches ein paar Fingerabdrücke zu sehen waren, dass sich in den Fältchen um den Mund der Verkäuferin ein wenig Make-up gesammelt hatte. Das machte den Ort weniger unwirklich.

Ich betrachtete den Ring. Mein Freund sagte, er sehe schön aus an meiner Hand. Ich nickte, und einen Moment dachte ich, die Juwelierin würde ihm die Rechnung reichen, in der Annahme, dass er bezahlt. Ich meinte einen

Anflug von Irritation in ihrem Blick gesehen zu haben, als ich nach dem Portemonnaie in meiner Tasche griff. Aber wahrscheinlich habe ich mir das nur eingebildet. Es wird nämlich so sein, dass die meisten Frauen sich ihre Wünsche selbst erfüllen: Sie bitten den Mann, der sie zum Juwelier begleitet, um seine Meinung und zahlen am Ende ihren Schmuck selbst.